통도사 사찰약수

통도사 사찰약수

이병인·이영경 지음

조계종
출판사

통도사 방장 스님(성파 큰스님) 휘호 '차지종가 통도명수'

영축 문화의 마중물 '통도약수'

물이 모여드는 곳에는 응당 생명生命이 깃들고, 생명이 깃든 곳마다 문명이 꽃피기 마련입니다. 따라서 문명과 문화의 저변에는 언제나 물이 있었습니다. 또한 물은 생명의 기원으로서 하늘과 맞닿아 있고, 다시 그 하늘이 땅으로 이어져 내려 인류 종교심宗教心의 바탕을 이루기도 했습니다. 그러므로 사람들에게 물은 '생명生命'이자 '문화文化'이며 '종교宗教'입니다.

하늘과 맞닿을 듯 높은 봉우리가 남쪽으로 그 안자락을 내어주고 깊은숨으로 생명수를 머금은 영축산靈鷲山, 그 가운데 위치한 통도사通度寺는 종교와 문화가 꽃피는 생명의 자리였습니다.

보드라운 비 흠뻑 맞은 찻잎을 다관茶罐에 담고 다천茶泉의 물 길어 우려낸 차를 가장 먼저 부처님 전에 올렸을 자장 율사慈藏律師. 그 숭고한 정신이 아직도 면면히 이어져 오늘의 통도사에 이를 수 있었던 것은, 차의 근본정신이 불교 수행과 하나라는 '다선일미茶禪一味'의 사상과 더불어 마름 없는 영축의 물줄기가 대지를 적셔왔기 때문입니다.

이 책은 통도사의 '차지종가茶之宗家'로서의 뿌리를 찾고 그 근원을 깊이 탐구했을 뿐 아니라, 한 체성體性인 영축의 물이 갈래를 따라 흐르며 어떠한 개별적 특성을 보이는지 자세하게 연구한 최초의 결과물이라 할 수 있습니다. 따라서 불지종가佛之宗家 통도사가 세계유산의 으뜸이 되고 삼보사찰三寶寺刹의 품격을 더해가는 이즈음에, 이병인李炳仁·이영경李映庚 교수의 책이 출간된 것은 통도사의 역사와 문화를 드높이는 참으로 가치 있는 일입니다.

'영축총림靈鷲叢林'을 흐르는 물이 수많은 수행자를 길러냈듯이, 앞으로 이 책이 차 문화의 원류로서 통도사를 널리 알리는 소중한 마중물이 되기를 기원합니다.

불기 2563년(2019년) 3월

세계문화유산 영축총림 통도사

주지 향전香田 영배英培

통도사 주지 영배 큰스님

茶之宗家
通度名水

책머리에

"명산^{名山}엔 명찰^{名刹}이 있고, 명수^{名水}가 있다"라는 말이 있습니다. 신라 시대 이후 산중에 입지한 사찰^{寺刹}은 훌륭한 사찰 숲을 지켜왔고, 청정한 환경 속에서 자연의 정기를 담은 소중한 약수^{藥水}를 도처에 간직하고 있는 수자원^{水資源}의 보고^{寶庫}이기도 합니다.

영축산^{靈鷲山}에도 큰절인 통도사^{通度寺}와 17개의 암자가 있고, 곳곳엔 40여 곳의 약수가 있습니다. 이 글은 통도사의 청정한 사찰약수^{寺刹藥水}에 대한 내용을 정리한 것입니다.

통도사 방장이신 성파^{性坡} 큰스님께서는 늘 '한국 차^茶의 성지^{聖地}로서 통도사의 역사와 가치'에 대해 말씀하셨습니다. 특히 통도사는 사찰의 창건과 중창에 대해 기록한 사적기에 '차샘^{茶泉}'과 '다소촌^{茶所村}'이라는 용어가 기록되어 있는 우리나라의 유일무이한 사찰입니다.

이 책은 '불지종가'로서뿐 아니라 '차지종가'로서 통도사의 가치를 확인하기 위한 한 작업이며, 『통도사 사적기^{通度寺事蹟記}』에 나타난 '차샘'에 대해 과학적 방법으로 검증한 현대적 재평가이기도 합니다.

무엇보다 이 책을 발간하는 데 도움을 주신 통도사 방장 성파 큰 스님과 영배 주지 스님, 마산 정법사의 도문 주지 스님, 율원장 덕문 스님, 교무국장 인경 스님, 그리고 각 암자의 감원 스님들께 고마움을 전합니다.

또한 본 책자를 출판하는 데 도움을 주신 ㈜동양휄트오일씰 김홍종 사장님과 실험과 자료 정리에 수고한 부산대 바이오환경에너지학과 박제성 조교와 권정환 대학원생에게 고마움을 전합니다.

앞으로도 '차지종가'로서 통도사의 위상을 재평가하기 위한 지속적 연구들이 이루어지기를 바랍니다. 또한 여러 사람들이 영축산 곳곳에 있는 청정한 약수를 마시며 온 누리에 맑고 밝은 기운이 가득하길 기원합니다.

2019년 3월 18일

저자 목우木愚 이병인李炳仁 · 하당荷塘 이영경李映庚 합장

목우(木愚) · 하당(荷塘) 기념병(紀念餅)

법관(法觀) 스님, 선화 〈사발〉, 2018

| 차례 |

제1장. 불지종가 통도사의 역사와 문화

들어가며

　'불지종가佛之宗家 통도사通度寺'는 명실공히 '차지종가茶之宗家'로서 역사와 전통이 깊다. 무엇보다 통도사는 우리나라 사찰 중에서 창건과 중창에 대해 기록한 사적기에 '차샘'과 '다소촌'이라는 말 등이 명기되어 있는 우리나라의 유일무이한 사찰이다.

　지난 2012년, 내 선조인 한재寒齋 이목李穆(1471~1498) 선생의 책 『다부茶賦』를 새로 엮어 발간하였을 때, 현 통도사 방장이신 성파 큰스님께서 살펴보시고 연락을 주셨다. 그때 직접 찾아뵈었더니 '차지종가 통도사'의 역사와 문화에 대해 여러 말씀을 해주셨다.

　그리고 2016년에는 통도사 개산대제를 기념하여 학술대회가 열렸다. 그때 통도사 율원장이신 덕문德文 스님께서 통도사의 차 문화에 대한 내용을 발표하셨는데, 통도사 차의 역사와 헌다례獻茶禮 등을 중심으로 『통도사 사적기』에 나타난 '차샘'과 '다소촌' 등을 소개하였고, 나는 토론자로서 통도사 차가 가진 역사성과 선차禪茶 문화에 대해 토론하였다.

　'불지종가'뿐만 아니라 '차지종가'로서 통도사의 역사성과 의미를 살펴볼 수 있는 좋은 기회였다. 그 당시 축사를 하러 오신 성파 큰스님께서 통도사 차의 역사성을 다시 강조하시면서 자장 스님의 구법 행각과 통도사의 '차지종가'로서의 역할과 의미에 대해 거듭 말씀하셨다.

또한 통도사의 창건 설화인 구룡지九龍池에 대한 전설과 '차샘'에 대해 말씀하시면서, 영축산 전체가 습지여서 물이 여러 곳에서 나고 어디든지 건드리면 물이 난다고 하셨다. 그리고 예전에는 '국계 이음掬溪而飮'이라 하여 '두 손바닥으로 계곡물을 움켜쥐고 마신다'라는 것이 운수납자雲水衲子들의 일상사라고 말씀하셨다. 그래서 나는 언제든 기회가 되면 영축산 통도사의 약수를 체계적으로 조사해야겠다는 생각을 하게 되었다.

통도사 방장 성파 큰스님

이후 대한불교조계종 사회부와 부산대학교의 연구비 지원을 받아, 우리나라의 사찰약수와 주요 약수에 대해 세 차례에 걸쳐 조사를 실시하였다. 2014년 41사찰 63개소, 2016년 28사찰 47개소, 2017년 영축산 통도사 권역의 큰절과 17개 암자 40개소, 총 86개 주요 사찰과 암자의 식수로 사용하는 150개의 사찰약수 시료에 대한 현장 답사와 종합적인 수질 분석을 수행하였다.

마침 현 통도사 영축총림 방장이신 성파 큰스님과 당시 총무(현 마산 정법사 주지)셨던 도문 스님께서 이왕이면 차지종가로서 상징성을 갖는 의미 있는 일이니 '통도사 사찰약수'로 정리하여 책자로 발간할 것을 제안하셨다. 특히 2017년 7월에는 도문 스님과 당시 사회국장이셨던 인경 스님과 함께 산중의 17개 암자들을 직접 찾아다니면서 약수 시료들을 채수하여 종합적인 분석을 수행하였다. 그렇게 조사한 내용을 우선 2018년 한 해 동안 통도사 소식지인 월간 『등불』에 「통도사의 사찰약수 : 차지종가 통도명수」라는 제목으로 연재하였고, 이제 그 글들을 보완하고 정리하여 책으로 묶어 내게 되었다.

먼저 지난 4년간 조사한 우리나라 사찰약수의 특성을 전반적으로 살펴보고, 그중에서도 영축산 내 통도사 권역의 사찰약수를 중심으로 큰절과 각 암자의 주요 약수들을 조사하여 정리한 내용들—사찰약수의 이화학적 수질 특성과 물맛 평가—에 대해 살펴보고자 한다.

불지종가 통도사의
역사와 문화

불지종가 통도사의 역사와 의미

　한국의 사찰에는 불 · 법 · 승을 상징하는 '삼보사찰三寶寺刹'이 있
다. 삼보사찰은 부처님의 진신사리와 가사를 봉안한 '불보사찰佛寶
寺刹 통도사通度寺', 부처님의 말씀法인 팔만대장경을 간직하고 있는
'법보사찰法寶寺刹 해인사海印寺', 그리고 보조 국사普照國師 이래 열여
섯 명의 국사를 배출한 '승보사찰僧寶寺刹 송광사松廣寺'를 말한다. 그
중 불보사찰인 영축산 통도사는 신라 제27대 선덕여왕 15년(646)
에 대국통 자장(590~658) 스님에 의해 창건되었다. 통도사는 계율
근본 도량, 부처님 근본 도량, 한국불교 근본 도량으로 상징적 의미
가 있는 한국의 대표 사찰이다. 불교佛敎란 부처님의 가르침을 믿고
수행하는 종교다. 부처님의 가르침을 믿고 수행하는 부처님 근본
도량으로서 통도사는 부처님의 금란가사金欄袈裟와 진신사리眞身舍利
를 모신 불보사찰로서 오늘날 한국을 대표하는 사찰이다.

통도사 적멸보궁

통도사의
상징적 의미

'통도사'라는 이름에 얽힌 상징적 의미는 세 가지로 전해지고 있다. 기록에 따르면, ① 절이 위치한 산의 모습이 부처가 설법하던 인도 영취산과 닮아 통한다此山之形 通於印度靈鷲山形고 해서 지칭했다는 것, ② 승려가 되고자 하는 사람은 모두 이 계단을 통과해야 한다爲僧者通而度之는 의미, 그리고 ③ 모든 진리를 통해 중생을 제도한다萬通

法度衆生는 의미에서 '통도通度'라고 했다는 설 등이 전해지고 있다. 이상의 통도사의 명칭과 관계된 의미를 정리하면 표 1과 같다.

표 1. 통도사의 의미

통도사(通度寺)의 의미	원문
① 이 산의 모양이 불법을 직접 설하신 인도 영취산과 통한다.	此山之形 通於印度靈鷲山形
② 승려가 되려는 사람은 모두 부처님의 진신사리를 모신 금강계단에서 계를 받아야 한다.	爲僧者通而度之
③ 모든 진리를 회통하여 중생을 제도한다.	萬通法度衆生

통도사의 역사

신라 제27대 선덕여왕 15년 대국통 자장 스님에 의하여 창건된 통도사는 우리나라 삼보사찰 중 으뜸인 불보사찰이다. 팔만대장경 판을 모신 법보사찰 해인사, 조계종의 중흥조이신 고려 시대 보조국사 이래 16국사를 배출한 승보사찰 송광사와 함께, 신라 시대에 부처님의 진신사리와 금란가사 등을 봉안한 통도사를 불보사찰이라 한다. 이와 같은 특성 때문에 통도사를 '불지종가佛之宗家(불자들의 마음의 고향)요, 국지대찰國之大刹(나라의 으뜸 가람)'이라고 부르고 있다.

통도사는 창건 이후 신라 · 고려 시대를 거치면서 왕실과 대중의 비호 속에 한국불교의 중심처로 자리 잡았다. 고려 시대에는 원나라에서 사신이나 귀족들이 올 적에 가장 먼저 통도사에 참배하였으며, 조선 시대의 억불 정책과 임진왜란에도 굴하지 않고 중창을 통하여 면면히 법등法燈을 이어왔다. 조선 시대에는 전국 16개 대표 사찰 가운데 경상도의 대본산大本山이 되었다. 현재는 대한불교조계종 제15교구 본사本寺로 국내 최대의 사찰을 형성하여 구하九河·경봉鏡峰 대선사와 같은 고승이 주석하셨으며, 조계종 9대 종정을 역임하신 월하月下 대종사大宗師를 배출하였고, 현재는 중봉中峰 성파性坡 큰스님께서 방장으로 계신다.

통도사 일주문

창건 설화와
금강계단

『삼국유사三國遺事』 제3권 「탑상塔像」 제4 전후소장사리조前後所將舍利條에 의하면, "선덕여왕 때인 정관貞觀 12년 계묘년癸卯(643)에 자장 율사께서 당에서 부처님의 두골佛頭骨, 부처님의 치아佛齒 등 사리佛舍利 100과와 부처님이 입으시던 비라금점가사緋羅金點袈裟 한 벌을 모셔왔는데, 그 사리를 삼분하여 일부분은 황룡사탑皇龍寺塔에 두고, 일부분은 태화사탑太和寺塔에, 일부분은 가사袈裟와 함께 통도사 계단에 두었으며……"라고 기록되어 있다. 계단은 2층으로 상층上層 가운데에 범종 모양을 한 석개石蓋를 안치하였다. 이것은 곧 통도사의 불사리 금강계단과 함께 부처님의 친착가사親着袈裟 봉안 사실을 전해주는 중요한 기록이다.

본래 금강계단이 축조되기 이전에 통도사 터는 큰 못이었으며, 자장 스님께서 못을 메워 금강계단을 설치하고 통도사를 창건하셨다고 전해지고 있다. 자장 스님께서 당나라 종남산終南山 운제사雲除寺 문수보살상 앞에서 기도드리고 있을 때, 승려로 변한 문수보살께서 가사 한 벌과 진신사리 백 알과, 불두골佛頭骨, 손가락뼈指節, 염주, 경전 등을 주면서 "이것들은 내 스승 석가여래께서 친히 입으셨던 가사이고, 또 이 사리들은 부처님의 진신사리이며, 이 뼈는 부처님의 머리와 손가락뼈다. 그대는 말세末世에 계율을 지키는 사문沙門

이므로 내가 이것을 그대에게 주노라. 그대의 나라 남쪽 축서산鷲栖山(영축산의 옛 이름) 기슭에 독룡毒龍이 거처하는 신지神池가 있는데, 거기에 사는 용들이 독해毒害를 품어서 비바람을 일으켜 곡식을 상하게 하고 백성들을 괴롭히고 있다. 그러니 그대가 그 용이 사는 연못에 금강계단을 설치하고 이 불사리와 가사를 봉안하면, 삼재三災(물·바람·불의 재앙)를 면하게 되어 만대에 이르도록 멸하지 않고 불법이 오랫동안 머물러 천룡天龍이 그곳을 옹호하게 되리라"고 하셨다고 한다.

이후 자장 스님께서는 귀국하여 선덕여왕과 함께 축서산을 찾아서 독룡들이 산다는 못에 이르러 용들을 위해 설법을 하셨다. 그 뒤

안양암 주차장에서 바라본 영축산 전경

스님께서는 못을 메우고 그 위에 계단을 설치하셨다. 이와 같은 기록들을 통해 보면, 통도사가 창건되기 이전에 이 땅은 매우 큰 연못 또는 늪지였을 것으로 추정할 수 있다.

통도사의
문화재

통도사는 큰절을 포함하고 있는 영축산 전체가 성지聖地이고, 현재 존재하는 건물군과 사찰 보존지 전체가 문화재로서 큰 의미가 있다. 통도사는 2018년 '산사山寺 세계문화유산'으로 유네스코에 등재되었으며, 국가지정 문화재로는 통도사 대웅전 및 금강계단(국보 290호), 통도사 청동은입사향완(보물 제1735호), 중요 문화재로는 국장생석표(보물 제74호), 은입사동제향로(보물 제334호), 봉발탑(보물 제471호) 등이 있다.

통도사 성보박물관의 최근 자료를 통해 2019년 1월 현재 통도사 소장 문화재 전체 목록을 살펴보면, 국보 1점, 보물 26건 93점, 유형문화재 49건 979점, 문화재자료 13건 17점 등이 있다. 이를 통해 통도사는 천수백 년에 걸친 역사와 전통이 어우러진 문화재의 보고임을 알 수 있다. 통도사 소장 문화재 지정 현황을 구체적으로 살펴보면, 표 2와 같다.

표 2. 통도사 소장 문화재 지정 현황(2019.1.)

계	국가 지정(건)						도 지정(건)					문화재 자료
	소계	국보	보물	사적	천 연 기념물	무 형 문화재	소계	유 형 문화재	기념물	민 속 자 료	무 형 문화재	
89	27	1	26	0	0	0	62	49	0	0	0	13

(1) 국보

연번	지정 번호	유물 명칭	수량	지정 일자	위치 및 비고
1	290호	대웅전 및 금강계단	1동	1997. 1. 1	사중 경내 보물 144호에서 승격 (1963. 1. 21)
		총 1건 1점			

(2) 보물

연번	지정 번호	유물 명칭	수량	지정 일자	위치 및 비고
1	11-6호	통도사 동종	1점	2000. 2. 16	통도사 성보박물관
2	74호	국장생석표	1기	1963. 1. 21	사외
3	334호	은입사동제향로	1점	〃	통도사 성보박물관
4	471호	봉발탑	1기	1968. 12. 19	사중 경내
5	738호	문수사리보살최상승무생계경 권 1~3	1책	1992. 11. 9	통도사 성보박물관
6	757호	감지금니대방광불화엄경 권 46	1축	1984. 5. 23	통도사 성보박물관
7	1041호	영산전팔상도	8점 1폭	1990. 9. 20	통도사 성보박물관
8	1042호	대광명전삼신불도	3점 1폭	〃	통도사 성보박물관
9	1194호	묘법연화경 권 2	1책	1993. 1. 5	통도사 성보박물관
10	1195호	대불정여래밀인수증요의제보살 만행수능엄경 권 9~10	1책	1994. 1. 5	통도사 성보박물관

11	1196호	묘법연화경 권 1~7	7점 1책	〃	통도사 성보박물관
12	1240호	묘법연화경 권 제3~4	2권 1책	1996. 4. 4	통도사 성보박물관
13	1350호	통도사 석가여래괘불탱	1점	2002. 10. 17	괘불전 뒤
14	1351호	통도사 괘불탱	1점	〃	통도사 성보박물관
15	1352호	통도사 화엄탱	1점	〃	통도사 성보박물관
16	1353호	통도사 영산회상도	1점	〃	유형문화재 280호에서 승격
17	1354호	통도사 청동은입사봉황문향완	1점	〃	유형문화재 101호에서 승격
18	1373호	통도사 금동천문도	1점	2003. 4. 10	유형문화재 111호에서 승격
19	1471호	통도사 삼층석탑	1점	2006. 5. 29	사중 경내 유형문화재 18호에서 승격
20	1472호	통도사 아미타설법도	1점	2006. 7. 18	통도사 성보박물관
21	1711호	통도사 영산전 벽화	52점	2011. 4. 29	영산전
22	1734호	내원사 금고	1점	2011. 12. 23	유형문화재 58호에서 승격
23	1735호	통도사 청동은입사향완	1점	2011. 12. 23	유형문화재 101호에서 승격
24	1747호	통도사 제도금아미타여래삼존상 및 복장유물	2점		통도사 성보박물관
25	1826호	영산전	1동	2014. 6. 5	사중 유형문화재 203호에서 승격
26	1827호	대광명전	1동	〃	사중

총 26건 93점

(3) 유형문화재

연번	지정 번호	유물 명칭	수량	지정 일자	위치 및 비고
1	2호	상천리 국장생석표	1기	1997. 10. 9	사외 울산시 유형

2	70호	관음전 앞 석등	1기	1974. 2. 16	경내
3	97호	금니법화경 권 1~14	14점 1질	1979. 5. 2	통도사 성보박물관
4	99호	금니금강경12곡병풍	12점 1틀	〃	〃
5	100호	경판	746점	〃	〃
6	102호	청동은입사정병	1점	〃	〃
7	104호	청동여래좌상, 금동보탑	2점	〃	〃
8	105호	인통 및 동인	7점	〃	〃
9	106호	청동여래입상	1점	〃	〃
10	110호	순치십육년 명동증	1점	〃	〃
11	193호	만세루	1동	1981. 12. 31	사중
12	194호	극락전	1동	〃	〃
13	195호	명부전	1동	〃	〃
14	196호	응진전	1동	1977. 6. 22	〃
15	197호	약사전	1동	〃	〃
16	204호	용화전	1동	〃	〃
17	250호	천왕문	1동	〃	〃
18	251호	관음전	1동	〃	〃
19	252호	불이문	1동	〃	〃
20	276호	자장율사진영	1점	1992. 12. 20	통도사 성보박물관
21	277호	삼화상진영	3점	〃	〃
22	278호	팔금강도	8점	〃	〃
23	279호	대광명전 신중탱화	1점	〃	설법전
24	281호	오계수호신장도	10점	〃	통도사 성보박물관

25	354호	비로암 탱화 1. 조왕탱 2. 독성탱 3. 산신탱 4. 칠성탱 5. 석가모니후불탱 6. 신중탱 7. 지장탱(미등록) 8. 아미타구품탱	8점	2000. 1. 25	3번-통도사 성보박물관. 5번,6번,8번- 비로암 보관. 7번-미등록으로 박물관 보관.
26	365호	통도사 건륭57년명 신중도	1점	2001. 9. 18	통도사 성보박물관
27	368호	통도사 지장시왕탱	1점	2001. 12. 10	〃
28	369호	통도사 가경17년명 오봉암 지장시왕탱	1점	〃	〃
29	371호	통도사 아미타극락회상탱	1점	2002. 06. 01	〃
30	372호	통도사 건륭십칠년 아미타후불탱	1점	〃	〃
31	376호	통도사 광무4년 감로탱	1점	2002. 08. 04	〃
32	377호	통도사 건륭40년 현왕탱	1점	〃	〃
33	381호	통도사 동치5년 칠성탱	6점	2002. 12. 27	〃
34	382호	통도사 함풍11년 칠성탱	7점	〃	〃
35	403호	통도사 석당간	1기	2004. 3. 18	실외
36	419호	통도사 건륭40년 약사여래후불탱	1점	2005. 1. 13	통도사 성보박물관
37	420호	통도사 가경삼년 미륵후불탱	1점	〃	〃
38	421호	통도사 건륭57년 삼장보살탱	1점	〃	〃
39	450호	통도사 역대고승 영정	62점	2006. 11. 2	영각
40	451호	통도사 신석우 영정	1점	〃	영각
41	452호	통도사 김경호 영정	1점	2006. 11. 2	영각
42	529호	양산 통도사 동종 및 종거	2점	2013. 1. 3	대웅전 내부
43	530호	양산 통도사 목조사천왕상	4점	〃	천왕문
44	544호	양산 통도사 석가여래 영골 사리 부도비	1기	2014. 1. 2	경내
45	548호	양산 통도사 응진전 영산회상도	1폭	2014. 3. 20	통도사 성보박물관

46	549호	양산 통도사 명부전 지장보살도 · 시왕도 · 사자도	12폭	2014. 3. 20	〃
47	550호	양산 통도사 오방제위도	5폭	2014. 3. 20	〃
48	551호	양산 통도사 사직사자도	4폭	2014. 3. 20	〃
49	585호	양산 통도사 부도	12건 36점	2015. 7. 30	—

총 49건 979점

(4) 문화재자료

연번	지정 번호	유물 명칭	수량	지정 일자	비고
1	144호	장경각	1동	1985. 11. 14	사중
2	169호	안적암 동종	1점	〃	역사실 전시
3	287호	백운암 지장탱화	1점	〃	4금고 입구 벽
4	298호	통도사 동치8년명 신중도	1점	2001. 9. 18	4금고 4장 1열
5	299호	통도사 광서19년명 신중도	1점	〃	불화실 전시
6	300호	통도사 광서16년명 신중도	1점	〃	4금고 8장 3열
7	301호	통도사 동치3년명 백련암 신중도	1점	〃	불화실 전시 중
8	303호	통도사 광무3년명 백련암 지장시왕탱	1점	2001. 12. 10	5금고 2장 1~2열
9	312-1호	통도사 아미타후불묵탱	1점	2002. 6. 1	4금고 7장 4열
	312-2호	통도사 가경19년아미타후불탱	1점	〃	4금고 7장 5열
	312-3호	통도사 성상22년병신 아미타후불탱	1점	〃	4금고 8장 6열
	312-4호	통도사 광서무인아미타후불탱	1점	〃	4금고 6장 5열
10	315호	통도사 사명암 감로탱	1점	2002. 8. 6	4금고 6장 2열
11	316-1호	통도사 함풍7년 현왕탱	1점	〃	4금고 4장 2열
	316-2호	통도사 동치3년 현왕탱	1점	〃	4금고 5장 8열
12	317호	통도사 백련암 동치2년 석가모니후불탱	1점	〃	4금고 10장 2열
13	579호	양산 통도사 백련암 용선접인도	1폭	2014. 3. 20	4금고 4장 1열

총 13건 17점

(자료 : 통도사 성보박물관, 2019년 1월)

통도사의 주요 스님

통도사는 사찰을 창건한 자장 스님으로부터 신라 · 고려 · 조선 시대, 그리고 현대에 이르기까지 수많은 스님이 주석하셨다. 그중에서도 창건주인 자장 스님과 조선 시대 불맥을 이어가신 환성 스님과 함께, 근현대 시기에 걸쳐 통도사가 배출한 선지식인 성해 · 구하 · 경봉 · 벽안 · 월하 스님 등 큰스님들을 중심으로 살펴보면 다음과 같다.

자장 율사

신라의 고승이자 통도사의 창건주인 자장慈藏(590~658) 스님은 신라 진골眞骨 출신으로 소판蘇判 벼슬을 지낸 김무림의 아들이었다.

통도사 창건주 '자장 율사'

그의 아버지는 국가의 주요 관직을 지냈으나 자녀가 없어서 삼보에 귀의하여 천부관음千部觀音에게 자식을 두게 해달라며, "만일 아들을 낳으면 시주하여 불교의 지도자로 만들겠습니다"라고 축원하였다. 기도 끝에 어머니의 꿈에 별이 떨어져 품 안에 들어오는 태몽을 꾸고 아들을 얻었다고 한다. 부처님과 같은 날에 태어났으므로 이름을 선종랑善宗郎이라 하였다.

그는 어려서 부모를 여의고 20대 초반에 논과 밭을 희사하여 원녕사元寧寺를 짓고 불가에 귀의한 후 '자장'이라 하였다. 그는 방 안을 가시로 둘러 움직이면 가시가 찌르도록 하였고, 머리를 천장에 매달아 졸음을 물리치는 고골관枯骨觀이라는 엄격한 고행苦行을 몸소 실천하며 수행에 전념했다. 이처럼 그의 피나는 고행은 계속되었으나, 당시 조정에서는 수행 중인 자장을 대신大臣의 자리에 오르도록 왕명을 내렸다. 그러나 자장은 이를 거듭 거절했고 이에 화가 난 왕은 조정의 관리로 취임하지 않으면 목을 베겠다고 협박했다. 그때, 자장은 "나는 차라리 단 하루를 살더라도 계를 지키고 죽을지언정, 파계破戒를 하고 백 년 동안 살기를 원하지 않는다吾寧一日持戒而死, 不願百年破戒而生"라고 말했다고 한다.

그러나 항상 학문에 대한 아쉬움이 있어서 선덕여왕 5년(636)에 칙명을 받아, 문인門人과 실實 등 10여 명과 함께 당나라로 유학을 떠났고, 중국 계율종의 본산인 종남산終南山과 문수보살의 주처인 오대산五臺山 청량사淸凉山에 머물렀다. 스님이 이곳 문수보살상 앞에서 기도와 명상을 하다가 꿈에 문수보살이 범어梵語로 된 게송을 주었는데 그는 이를 해독하지 못했다. 이튿날 아침에 이상한 스님이 와서 해석하되, "일체법이 자성 없는 줄을 요달해 알면 곧 노사나 부처님을 보리라了知一切法 自性無所有 如是解法性 卽見盧舍那"고 하고, 또 말하기를 "비록 만교萬敎를 배운다 할지라도 아직 이보다 나은 글이 없다" 하며 석가모니 부처님께서 입으셨던 가사와 부처님의 정수리뼈와 치아 사리, 그리고 발우 하나를 주고 사라졌다. 이후, 자장율사는 더욱 깊이 수행하였고, 유학한 지 7년 만인 643년, 선덕여왕의 요청으로 당 태종이 선사한 『대장경』 일부를 가지고 신라에 돌아왔다.

왕은 그를 분황사芬皇寺에 머물게 했고, 궁중으로 초청하여 『섭대
승론攝大乘論』을 강의하도록 했다. 또 그가 황룡사皇龍寺에서 7일 주야
로 『보살계본菩薩戒本』을 강의할 때는 하늘에서 단비가 내리고 구름
안개가 자욱이 끼어 강당을 덮었다고 한다.

자장 스님은 신라 최고 승직僧職인 대국통大國統에 임명되어 반월半月
마다 계戒를 설하였으며, 646년에 통도사를 창건하고 금강계단을
쌓아 사방에서 모여드는 사람들을 받아들여 계를 주었다. 이와 같
이 자장 스님은 율律에 능한 율사로 이름을 떨치게 되었으며, 신라
의 불교계를 새롭게 정비하여 한국불교를 위한 큰 기틀을 다졌다.

환성 지안 스님

환성喚惺 지안志安(1664~1729) 스님은 화엄학의 대가이자 '조선불
교 3대 순교 성인'으로 평가받고 있다. 청허淸虛 휴정休靜의 법손으로
편양鞭羊 언기彦機, 풍담楓潭 의심義諶, 월담月潭 설제雪霽, 환성 지안으로
조선불교의 법맥이 이어진다.

평생 대중 교화에 힘쓴 환성 스님은 금산사에서 화엄산림법회를
개설했는데, 1725년에는 1,400여 명의 대중이 모여들었다. 이로 인
해 정치적 반란 혐의를 받아 제주도에 유배됐으며, 법랍 51세, 세수

66세에 입적했다.

특히 통도사는 환성 지안 스님의 사상적 종찰宗刹로서 평가받고 있다. 환성 스님의 직제자인 설송雪松 연초演初(1676~1750) 스님은 통도사에서 오래 주석했고, 또 그 제자인 응암凝庵 희유僖愈 스님의 계통이 통도사에서 환성의 법맥을 이어갔으며, 설송 스님을 매개로 환성의 편양파鞭羊派 선맥과 사명파四溟派의 교법을 함께 계승하는 통합적 법맥 인식이 통도사에서 자리 잡은 것으로 평가된다.

통도사 백련암 관련 기문에 의하면, 환성 지안 스님이 백련암을 중수하고 주석했다는 기록이 남아 있으며, 환성 지안 스님이 사용하던 송낙과 친필의 시와 현판 등이 남아 있다.

이와 같이 환성 스님은 조선 후기 최대 불교 계파인 청허계淸虛系를 대표하는 선사였으며, 특히 환성 스님의 유풍을 계승한 통도사는 환성 문파의 사상적 종찰로 평가받고 있다.

성해 스님

성해聖海(1854~1927) 스님은 1854년 6월 7일 현 울산광역시 울주군 서생면 서생리에서 태어났다. 17세에 기장의 장안사로 출가하여 취룡鷲龍 태일泰逸 스님을 은사로, 해령海嶺 스님을 계사로 사미계를 받았다. 1880년부터 은사를 따라 통도사에 주석하였다. 39세

통도사 성해 큰스님

(1892년)에 통도사 승통僧統에 취임해 사격寺格을 일신하였고, 51세 (1904년)에 통도사 총섭總攝이 되었다.

1906년 황화각皇華閣에 불교전문강원을 설립해 원장 소임을 보면서 10여 년간 후학을 양성했으며, 황화각과 동곡루同穀樓를 중수했고, 1911년 부처님 진신사리탑을 보수할 때 총지휘했다. 61세 되던 1914년에는 보광선원普光禪院 원장이 되어 납자들을 지도했다.

1927년(정묘년) 음력 12월 29일 자시子時에 열반했으며, 세수 74세, 법납 58세였다. 비碑는 통도사 부도전에 봉안되어 있고, 문하에 구하九河 천보天輔, 재하霽河 법성法晟, 경봉鏡峰 정석靖錫, 경하鏡河 달

윤達允 등이 있다. 제자인 경봉 스님이 은사의 열반을 기리는 시를
지었다.

　劫前有樹本無影(겁전유수본무영)
　偶得春風現世眞(우득춘풍현세진)
　莫問吾師歸去處(막문오사귀거처)
　靈光空寂是靈眞(영광공적시영진)

　공겁전의 본래 그림자 없는 나무가
　우연히 봄바람 만나 세상에 나왔네.
　스승의 돌아간 곳 묻지 마라.
　신령한 광명 공적한 것이 이 영진일세.

　한암 스님은 경봉 스님의 청으로 영찬影讚을 지었는데, 그 내용은
다음과 같다.

　聖海大和尙影讚(성해대화상영찬)

　勤護三寶(근호삼보)　　　부지런히 삼보 수호하기를
　一片赤心(일편적심)　　　일편단심이었네.
　參尋祖意(참심조의)　　　조사의 뜻 참구하여

透脫古今 (투탈고금)	고금을 꿰뚫었네.
來耶去耶 (내야거야)	오는 것이냐, 가는 것이냐.
明月胸襟 (명월흉금)	밝은 달 흉금일세.
靈鷲山屹 (영축산흘)	영축산 높이 솟고
洛東江深 (낙동강심)	낙동강 깊노라.

구하 스님

구하九河(1872~1965) 스님은 근현대의 고승으로 본관은 경주이며, 울산 울주군 두동면 봉계리에서 출생했다. 구하 스님의 부친은 김한술金漢述 선생이고, 모친은 신씨申氏였다. 법명은 천보天輔, 법호는 구하九河다. 축산鷲山이란 자호自號를 사용했는데 이는 영축산을 상징한다.

어려서 서당에서 한학을 배우고, 그 후 스스로 부모에게 출가의 뜻을 밝히고는 집을 나섰다. 13세가 되던 1884년 천성산 내원사에서 출가하여 행자 생활을 시작했고, 경월慶月 도일道一 스님을 은사로 사미계를 받았다. 이듬해인 1890년 예천 용문사의 용호龍湖 해주海株 스님 문하에서 경학과 참선을 공부하고, 1896년 구족계를 수지했다. 같은 해 성해聖海 남거南巨 스님의 전법 제자가 되어, '구하'라는 법호를 받았다. 수행을 거듭하여 1905년 통도사 옥련암에서

통도사 구하 큰스님

정진하다가 깨달음을 얻었다.

1908년 명신학교를 비롯해 입정상업학교(지금의 부산 해동고등학교, 1932년)와 통도중학교(지금의 보광중학교, 1934년)를 설립하여 교감 및 교장을 역임하면서 어려운 절 살림과 암울한 일제 치하의 어려운 환경 속에서도 인재 양성에 힘썼다. 또한 1911년 11월부터 1925년 8월까지 통도사 주지를 역임했고, 1910년 한일병탄 이후 30본산 주지가 되어 1917년 1월부터 3년간 30본산 연합사무소 위원장을 지냈으나, 사규가 점차 무너짐을 보고는 후진으로 물러났다.

1919년 무렵, 상해임시정부의 재정이 매우 열악하다는 소식을

접한 스님은 통도사의 재정으로 백산상회 안희제와 범어사 김상호를 통해 군자금 및 독립운동 자금을 지원하였으며, 상해에서 범어사 주지 성월 스님 등과 함께 1919년 11월 대한승려연합회 대표자 12인 독립선언서 서명 및 발표에 동참했다. 1920년 3월 의춘상회(의춘신탁)를 세워 자금을 마련하고 그해 4월 동아불교회를 설립해 항일불교운동을 시도하는 등 조국의 해방을 위해 힘을 쏟았다. 어린이 교육에도 힘써 마산 대자유치원, 진주 연화사유치원, 울산 동국유치원 등을 설립하였다. 불교중앙학림(지금의 동국대) 학장을 맡아 후학 양성에도 힘썼다.

포교의 중요성도 강조하며 마산 포교당 정법사(1912), 진주 포교당 연화사(1923), 창녕 포교당 인왕사(1923), 물금 포교당(1924), 언양 화장사(1927), 창원 구룡사(1929), 의령 수월사(1930), 부산 연등사(1932), 울산 포교당 해남사(1936), 양산 포교당 반야사(1940) 등 많은 포교당을 설치하여 부처님의 법을 전하는 데 힘을 쏟았다. 또한 역경 사업에도 힘써 통도사, 해인사, 범어사 세 곳이 힘을 모아 해동역경원海東譯經院을 설립하기도 했다.

1949년에는 중앙불교 총무원장을 역임하고, 1963년 10월 3일 원적에 들었다. 세수 94세, 법납 81세였다. 제자는 전 종정 월하月下 스님 등 30여 명의 출가 제자가 있으며, 문손들에 의해 구하 스님의 시문 및 금강산을 유람하고 쓴 기행문인 『축산문집鷲山文集』과 『금강산관상기金剛山觀相記』가 출간되었다.

경봉 스님

경봉鏡峰(1892~1982) 큰스님은 근현대의 고승으로 광주 김씨이며, 속명은 용국鏞國, 호는 경봉鏡峰, 시호는 원광圓光이다. 경상남도 밀양 출신으로 아버지는 영규榮奎이며, 어머니는 안동 권씨다. 15세 되던 해 모친상을 겪고 나서 인생의 무상함을 깨닫고, 16세 때 양산 통도사의 성해聖海 선사를 찾아가 출가했다.

1908년 3월 통도사에서 설립한 명신학교明新學校에 입학하였으며, 그해 9월 통도사 금강계단에서 청호淸湖 스님을 계사戒師로 사미계를 받았다. 1912년 4월 해담海曇 스님으로부터 비구계와 보살계를 받은 뒤 통도사 불교전문강원에 입학하여 불경 연구에 몰두했다.

강원 졸업 후, 하루는 경을 보다가 "종일토록 남의 보배를 세어도 본디 반 푼 어치의 이익도 없다終日數他寶, 自無半錢分"라는 경구를 보고 커다란 충격을 받아 참선 공부를 위해 내원사內院寺의 혜월慧月 스님을 찾아 법을 물었으나 마음속의 의문을 해결할 수 없었다. 이에 해인사 퇴설당堆雪堂으로 가서 정진한 뒤, 금강산 마하연摩訶衍, 석왕사釋王寺 등 이름난 선원을 찾아다니면서 공부하였다.

이때 김천 직지사에서 만난 만봉萬峰 스님과의 선담禪談에 힘입어 "자기를 운전하는 소소영영昭昭靈靈한 주인"을 찾을 것을 결심하고, 통도사 극락암으로 자리를 옮겨 3개월 동안 장좌불와長坐不臥하면서 정진을 계속하였다. 1927년에 통도사 화엄산림법회華嚴山林法會에서

통도사 경봉 큰스님

법주法主 겸 설주說主를 맡아 밤낮으로 정진하던 중, 4일 만에 천지
간에 오롯한 일원상一圓相이 나타나는 경지에 이르렀다.

그러나 일물一物에 얽힌 번뇌가 완전히 없어지지 않음을 스스로
점검하고 다시 화두를 들어 정진하다가, 1927년 11월 20일 새벽 방
안의 촛불이 출렁이는 것을 보고 크게 깨달아 다음과 같은 게송을
읊었다.

我是訪吾物物頭(아시방오물물두)

目前卽見主人樓(목전즉견주인루)

呵呵逢着無疑惑(가가봉착무의혹)
優鉢花光法界流(우발화광법계류)

내가 나를 바깥 것에서 찾았는데
눈앞에 바로 주인공이 나타났도다.
하하 이제 만나야 할 의혹 없으니
우담바라 꽃 빛이 온 누리에 흐르네.

이후 한암 · 제산 · 용성 · 전강 스님 등과 교류하면서 친분을 두터이 했으며, 1932년 통도사 불교전문강원장에 취임한 뒤부터 50여 년 동안 한결같이 중생 교화의 선구적 소임을 다하였다. 1935년 통도사 주지, 1941년 조선불교중앙선리참구원朝鮮佛敎中央禪理參究院(지금의 선학원) 이사장을 거쳐 1949년 4월에 다시 통도사 주지에 재임하였다. 1953년 극락호국선원極樂護國禪院 조실祖室에 추대되어 입적하던 날까지 이곳에서 설법과 선문답으로 법을 구하러 찾아오는 불자들을 지도하였고, 동화사桐華寺, 내원사內院寺 등 여러 선원의 조실도 겸임하여 후학들을 이끌었다. 언제나 온화함과 자상함을 잃지 않고 청렴하고 검소하게 생활했으며, 꾸밈없는 활달한 경지에서 소요자재하였기에 항상 열린 문호에는 구도자들이 가득하였다.

1967년 서울 탑골공원에 '만해선사기념비'를 세우고, '경봉장학회'를 설립하기도 했다. 한시와 묵필에도 뛰어났으며, 지금 흔히 쓰는 '해우소解憂所'라는 말도 경봉 스님이 지은 것이다.

82세 때부터는 매월 첫째 일요일에 극락암에서 정기 법회를 열었다. 90세의 노령에도 시자의 부축을 받으며 법좌에 올라 설법하였는데 항시 천여 명 이상의 대중들이 참여하였다. 또한 가람 수호에도 힘을 기울여 통도사의 삼성반월교三星半月橋와 장엄석등莊嚴石燈 18좌座를 세웠고, 극락암 조사당의 탱화 조성 및 추모 봉행, 특별 정진처인 아란야阿蘭若 창건, 극락암 정법보각正法寶閣 신축 및 무량수각無量壽閣 중창 등을 주관하였다. 이 밖에도 경봉장학회를 설립하였으며, 탑골공원 안에 만해선사기념비 건립도 추진하였다. 또 선지식으로서는 드물게도 18세 때부터 85세까지 67년 동안 매일의 중요한 일을 기록한 일기를 남겼는데, 이 일기에는 당시의 사회상과 한국불교 최근세사가 그대로 담겨 있다.

1982년 7월 17일(음 5월 27일)에 문도들을 모아 "야반삼경夜半三更에 문빗장을 만져 보아라"라는 임종게를 남기고 열반에 드시니 세수 91세, 법납 75세였다. 저서로는 법어집인 『법해法海』, 『속법해續法海』와 시조집인 『원광한화圓光閑話』, 유묵집인 『선문묵일점禪門墨一點』, 서간집인 『화중연화소식火中蓮花消息』 등이 있다. 제자로 전 동국대 이사장을 역임한 벽안 스님, 전 통도사 방장인 원명 스님, 전 통도사 주지인 원산 스님 등이 있다.

벽안 스님

벽안碧眼(1901~1987) 스님은 법호, 법명은 법인法印이며 1901년 경북 경주시 내남면에서 태어나 35세 때 금강산 마하연에서 정진하면서 당대의 선지식인 석우石友 스님 회상에서 불가의 도리를 배우고 정진했다. 제방 선원을 돌며 화두를 참구하던 스님은 3년 뒤 양산 통도사에서 경봉鏡峯 스님을 은사로 모시고 득도한다. 늦은 나이에 출가했지만, 누구보다 치열하게 정진하고 어른 스님들을 모시는 데 정성을 다했다. 스님은 천성산 내원사 선원에서 하안거 정진 중에 깨달음의 경지에 접하고 오도송을 읊었다.

大道元來無繫縛(대도원래무계박)
玄機何處關形成(현기하처관형성)
九旬磨劍寒霜白(구순마검한상백)
擊罷祖關各方行(격파조관각방행)

대도는 원래 얽매임이 없으니
현묘한 기틀 어찌 모양에서 찾으랴.
구십 동안 서릿발 같은 지혜의 칼을 가니
조사관을 격파하고 마음대로 노닐리라.

통도사 벽안 큰스님

이후 통도사와 범어사, 해인사 등의 선방에서 정진을 거듭하였으며, 43세 때에는 범어사에서 영명永明 스님을 계사로 구족계와 보살계를 수지했다. 통도사 주지를 두 차례 지내면서 청렴결백하고, 공사를 구별하는 데 있어 엄격하였다. 공석에서는 가을 서리秋霜와 같은 엄정嚴正한 자세를 유지했지만, 사석에서는 봄바람春風 같은 따뜻함으로 대중들을 제접했다.

원효학원 이사와 동국학원 이사 및 이사장을 역임했고, 조계종 중앙종회 초대 의장을 비롯해 2·3대 의장을 역임하면서 종단 발전의 초석을 놓았다. 1966년에는 세계불교승가회 한국불교 대표로 참석했으며, 1980년에는 조계종 원로원장으로 추대됐다.

　스님은 말년에 머물던 요사채에 '寂墨堂^{적묵당}'과 '淸白家風^{청백가}^풍'이라는 편액을 걸어놓았다. 이는 스님의 청정한 수행 가풍을 드러내는 글귀로서 붓글씨 또한 스님 성품을 닮아 단아했다. 스님은 1987년 12월 25일 통도사 적묵당에서 고요히 열반에 들었는데 세수는 87세, 법납 53세였다. 임종게는 다음과 같다.

靈鷲片雲(영축편운)	영축산의 구름
往還無際(왕환무제)	오고 감에 때(時)가 없네.
忽來忽去(홀래홀거)	홀연히 왔다 가니
如是餘時(여시여시)	때가 이와 같네.

월하 스님

　월하月下(1915~2003) 스님은 현대의 고승으로 1915년 4월 25일 충남 부여군 군수리 파평 윤씨 집안에서 태어났다. 법호法號는 노천老天이고, 법명이 월하月下다. 속명俗名은 희중喜重으로 조선 말 통도사에 주석했던 구하 스님의 법을 이었다. 어릴 때 집 근처의 고란사 스님들을 보면서 출가를 결심하였다. 속가의 부모님이 만류했지만 결국 18세 되던 1933년 강원도 유점사에서 성환 스님을 계사로 사

통도사 월하 큰스님

미계를 받고 득도한 후, 1940년 통도사에서 구하 스님으로부터 비
구계와 보살계를 받고 법을 이었다.

　이理와 사事를 두루 겸비한 스님은 1954년 효봉·청담·인곡·경
산 스님과 함께 사찰정화 수습대책 위원회에 참가해 불교정화 운동
에 앞장섰다. 1955년 조계종 중앙종회 의원이 되었고, 1956년 통도
사 주지를 하면서 사찰 내 폐습을 일소하고, 강원과 선원을 복원했
다. 또한 상해임시정부에 많은 독립운동 자금을 대는 큰 자금줄의
역할을 맡기도 했다. 1958년 조계종 총무부장 권한대행, 1958년 조
계종 감찰원장, 1960년 중앙종회 의장직을 수행했다.

　1970년부터는 통도사 조실로 통도사 보광전 염화실에 주석하며 통도사를 위해 일생을 바치게 된다. 1975년 동국학원 재단 이사장, 1979년 조계종 총무원장, 1980년 종정 직무대행 등을 역임했으며, 1984년에는 영축총림 방장으로 추대되었다. 1994년 종단 개혁 때는 조계종 개혁회의 의장을 역임했으며, 그해 조계종 제9대 종정으로 취임했다. 1998년 종단 사태 이후 2001년에 다시 영축총림 방장으로 재추대되어 영축총림 수장으로, 종단의 어른으로 자리하였다.

스님은 50여 년 가까이 통도사 보광선원을 떠나지 않고 조실로 머물면서 눈 푸른 납자들을 지도해왔다. 함께 수행하며 늘 수좌들을 자상하게 지도했던 스님은 졸음에 겨워하는 납자들을 야단치거나 죽비로 때리는 대신 "졸음이 올 때는 일어나 경행輕行하라"고 이르며 자비롭게 대하셨다. 언제나 문을 열어놓은 채 지위 고하와 노소를 막론하고 방문자들을 맞았고, 대중 운력에 빠지지 않고 손수 자신의 빨래까지 하는 수행자의 청규淸規를 지켜왔다. 시와 서화에도 능했던 스님은 옛 조사 스님들의 선시禪詩 전통을 이으면서도, 간단명료한 언어와 선기 넘치는 선시를 지으셨다. 스님의 선시는 1998년 문도들에 의해 『월하대종사 상당법어집』으로 묶여 발간되었다.

통도사가 오늘날의 불지종가 총림에 걸맞은 가람의 위용偉容을 갖출 수 있었던 것도 스님의 힘이 컸다. 월하 스님은 2003년 12월 4일 오전 9시 15분께 세수 89세, 법랍 71세로 통도사 정변전에서 아래의 열반송을 남기고 열반하셨다.

一物脫根塵(일물탈근진)	한 물건이 이 육신을 벗어나니
頭頭顯法身(두두현법신)	두두물물이 법신을 나투네.
莫論去與住(막논거여주)	가고 머묾을 논하지 마라.
處處盡吾家(처처진오가)	곳곳이 나의 집이니라.

통도사 부도전

통도사의 수행 환경

영축총림
통도사

'총림叢林'의 뜻은 범어 'vindhyavana'의 번역으로 '빈타바나貧陀婆那'라 음역하며 '단림壇林'이라고도 하는데, 많은 승려와 속인들이 화합하여 함께 배우기 위해 모인 것을 나무가 우거진 숲에 비유한 것이다. 지금은 승려들의 참선 수행 전문 도량인 선원禪院과 경전 교육기관인 강원講院, 계율 전문 교육기관인 율원律院을 모두 갖춘 사찰을 지칭하는 말로서 종합 수도 도량이라고 할 수 있다. 통도사, 해인사, 송광사, 수덕사, 백양사, 동화사, 범어사, 쌍계사를 일컬어 우리나라의 8대 총림이라고 한다.

통도사는 1972년 총림으로 승격되었으며, 총림의 수장은 방장方丈

통도사 전경

이라고 한다. 모든 승려들은 행자 교육을 마치고 사미계를 받으면
강원이나 선원, 율원에 입방하여 4년간 교육을 수료해야 비구계를
받을 수 있다. 영축총림 통도사는 율원 · 강원(승가대학) · 선원을 모
두 갖춘 종합 수도 도량으로 한국불교의 대표적인 중심 도량으로서
큰 역할을 담당하고 있다.

산내 암자

통도사 권역에는 큰절과 함께 600만 평에 이르는 경내지에 17개
의 크고 작은 암자들이 있다. 영축총림이라 부르는 산문山門에서 큰
절과 산내 17개 암자로 이르는 종합 수도 도량이기에 큰절을 중심

으로 17개의 암자들이 저마다의 특성으로 영축산을 장엄하고 있다. 산내 암자 15개소와 울타리 밖에 있는 2곳의 암자(관음암, 축서암)가 있다. 통도사의 17개 암자는 표 3과 같다.

표 3. 통도사의 암자

암자 이름	창건 및 중창	비고
극락암	고려 충혜왕 복위 5년(1344) 창건, 영조 24년(1758) 지홍 대사 중건, 1968년 이후 경봉 스님 중건 중수.	경봉 스님 주석 등 수행처, 호국선원, 조사당, 극락영지, 현 명정 스님 주석.
취운암	효종 1년(1650) 우운 대사 창건, 정조 19년(1795) 낙운 대사 중건, 1969년 태일 화상 중수.	6동 128칸 건물, 지장시왕탱(문화재자료 제364호).
백련암	공민왕 23년(1374) 월화 대사 창건, 인조 12년(1634) 현암 대사 중건.	법당, 광명전, 영월루, 장경각, 안심당, 현 원산 스님 주석.
옥련암	공민왕 23년(1374) 쌍옥 대사 창건, 철종 8년(1857) 호곡 청진 대사가 중건.	장군수와 무량수전 등.
반야암	1999년 지안 스님 창건.	반야보전, 청향정, 세진정 등, 현 지안 스님 주석.
서운암	고려 충목왕 2년(1346) 충현 대사 창건, 철종 10년(1859) 남봉 대사 중건, 최근 성파 스님 중건.	삼천불전, 도자대장경, 서운암 야생화 축제 등, 현 성파 스님 주석.
금수암	1910년 동호 스님 창건, 1953년 석봉 스님 중건.	수행 도량.
관음암	30여 년 전 태응 스님 창건.	자광전, 5층 사리석탑 등.
백운암	신라 진성여왕 6년(892) 조일 스님 창건, 순조 10년(1810) 침허 스님 중창.	가장 높은 암자로 만공 스님 등이 깨달음을 얻은 곳, 금수, 백운암 북소리 등, 현 태봉 스님 주석.
보타암	1927년 재덕호전 비구니 스님 창건, 1935년 정운호전 비구니 스님 증축.	법당과 약사전 등.
비로암	고려 충목왕 원년(1345) 영숙 대사 창건, 선조 11년(1578) 태흠 대사 중건, 최근 원명 스님 중수.	아미타구품탱, 독성탱, 산신탱, 조왕탱 등 경남유형문화재 제354호, 산정약수, 비로폭포 등, 현 원명 스님 주석.

사명암	선조 6년(1573) 이기 · 신백 스님이 창건.	극락보전, 감로탱(문화재자료 제315호), 혜각 스님 주석처 등, 현 동원 스님 주석.
수도암	고려 공민왕 21년(1372) 이관 대사 창건, 정신 대사 중건.	인법당, 산신각 등.
서축암	1996년 월하 스님 창건.	대웅전, 진신사리 봉안 다보탑과 석등 등.
안양암	고려 충렬왕 21년(1295) 찬인 대사 창건, 고종 2년(1865) 우담 대사 중창, 1968년 우송화상 중수.	북극전(경남 유형문화재 제247호), 안양동대 등, 현 무애 스님 주석.
자장암	창건 연대 미상, 회봉 대사 중창, 1968년 용복화상 중수.	석간수와 금와공, 마애불 등, 현 현문 스님 주석.
축서암	숙종 37년(1711) 창건, 철종 14년(1863) 중수.	법당과 삼성각 등.

통도사 전경도(통도사 성보박물관 소장)

통도사의 문화와 생태환경

통도 8경

'통도 8경通度八景'은 통도사의 아름다운 풍광 여덟 가지를 일컫는 말로 통도사 사중寺中에서 사용되고 있으며, 과거와 현재, 그리고 미래로 이어지는 수행과 치유의 공간으로서 중요한 역할을 담당하고 있다. 통도 8경은 다음과 같다.

통도 제1경은 '무풍한송舞風寒松'으로 매표소가 위치한 영축산문에서 일주문에 이르기까지 노송老松들이 잘 어우러진 아름다운 소나무 숲의 풍광을 일컫는다. 이 무풍한송을 필두로 통도 제2경인 '취운모종翠雲暮鍾'은 취운암의 저녁 종소리를 말하며, 통도 제3경은 '안양동대安養東臺'로 일출시 안양암에서 큰절 쪽으로 보이는 아름다운 경관이고, 통도 제4경은 '자장동천慈藏洞天'으로 자장암 계곡의 소沼

'아름다운 숲' 대상을 수상한 통도사 무풍한송길

초파일에 통도사에서 열리는 '낙화 축제'

가 달빛을 받아 연출하는 멋진 광경을 말한다. 통도 제5경은 '극락 영지極樂影池'로서 영취산의 수려한 풍경이 담기는 극락암 영지의 수승한 풍광이고, 통도 제6경은 '비로폭포毘盧瀑布'로 비로암 서쪽 30미터 거리에 있는 시원한 폭포의 아름다움을 말하며, 통도 제7경 '백운명고白雲鳴鼓'는 백운암에서 들려오는 멋진 북소리이고, 통도 제8경은 '단성낙조丹城落照'로 단조산성에서 바라보는 저녁노을의 아름다운 풍광을 가리킨다. 여기에 통도사 범종각의 사물 행사와 장엄한 통도사의 새벽 예불, 서운암의 야생화 축제, 통도사 계곡, 그리고 암자로 가는 길 등이 또한 통도사의 아름다운 풍광으로 여러 사람들에게 사랑받고 있다.

통도사의
산주 정신

신라 후기 구산선문九山禪門 성립 이후 산중 사찰로 입지한 우리나라의 대부분 고찰들은 산중에 위치하여 '산의 주인山主'으로서 산을 지키고 산과 조화롭게 살아왔다. 신라 시대 왕으로부터 하사받은 산은 오늘날 생태환경이 양호한 산림 지역으로 남아 있으며, 많은 지역이 생태적 중요성으로 인해 자연공원 지역으로 지정되어 있다.

해인사의 경우 정상에서 보이는 대부분이 해인사 소속 땅이었다고 하며, 통도사도 지금보다 더 많은 영역이 통도사 경내지였던 것으로 알려져 있다. 통도사는 일제 강점기에 세금 문제 때문에 영축산 바깥쪽을 제외한 안쪽만을 통도사 경내지로 한정하였다고 한다. 대표적인 예로, 지금은 경부고속도로로 나뉘어 있지만 천성산 내원사는 통도사의 산내 암자인 내원암으로서 적어도 수천만 평 이상의 영역이 통도사 경내지였던 것으로 추정되고 있다.

방장 스님과 주지 스님 등 통도사의 어른 스님들의 말씀에 의하면, 통도사는 예로부터 다른 고찰들이 그러하듯 '산감山監'이라는 직책을 두어 산을 지켜왔다. 나무를 땔감으로 사용하던 1970년대 이전까지는 벌목꾼들로부터 산의 나무들을 지키기 위해 스님들이 돌아가면서 '순산巡山'을 하며 직접 산을 지켜왔다고 한다. 오늘날 많은 사찰림들이 생태적으로 양호한 이유는 숲의 종교로서 산을 지켜온 옛 스님들의 노력의 결과이기도 하다.

이와 같이 통도사 스님들은 삼보정재를 지키고자 하는 노력으로 두부를 만들어 땅 한 평이라도 더 매입하는 등 오랫동안 산과 들에 관심을 가지고 지켜왔다. 현대까지도 이 같은 노력이 이어졌는데, 구체적인 사례로 대표적 선사였던 구하 스님과 경봉 스님의 산과 숲에 대한 사랑과 관심을 확인해볼 수가 있다.

통도사 방장이신 성파 스님은 구하 스님과 경봉 스님이 산을 지키기 위해 무척 노력하셨다는 몇몇 일화를 들려주었다. "구하 스님이 어려서 통도사에 계실 때의 일이다. 통도사 무풍교 근처에 큰 소나무 숲이 있었는데, 관官에서 그 소나무들을 베어 널나무(널을 짜는 나무)를 만들려고 했다. 이때 구하 스님을 비롯한 스님들이 '(소나무를 자르려면 우리도) 같이 베라'고 해서 (막았다.) 그렇게까지 큰일을 했다."

경봉 스님의 제자로 전 통도사 방장이신 원명 스님의 말씀에 의하면, 1960년대 영축산 뒤쪽 산을 뚫어서 도수로를 연결하려고 했는데 그때 경봉 스님께서 "산을 뚫는 것은 우리 사람들 복장을 뚫는 것과 같다"라고 하시면서 이미 예산까지 내려온 사업을 나서서 막아내셨다고 한다.

또한 현 방장이신 성파 스님에 의하면, 1960~1970년대에 솔잎 흑파리 등이 창궐해서 소나무 벌목을 허용한 적이 있었다고 한다. 그때 통도사 소나무를 벌목하여 팔면 절 앞의 신평리 땅 전체를 살 수 있었음에도, 경봉 노스님께서 "송하구승松下臞僧(소나무 아래 삐쩍 마른 스님이 잘 어울린다)"이라면서 소나무를 자르지 못하도록 하셨다. 그 결과 현재 통도사 경내지 중에서도 극락암으로 오르는 길목의 소나무 숲이 아직도 잘 보존되어 있음을 확인할 수가 있다.

또한 통도사 권역의 비로암에서 서운암에 이르는 지역은 산지 습원이 발달하여 다양한 생물들의 서식처가 형성되어 있다. 10여 년 전에는 통도사 권역에 초산 유원지를 개발하려는 양산시의 무분별한 계획을 통도사 전 대중이 나서서 반대하여 철회시켰으며, 최근에는 통도사 내에 사찰 환경과 영남 알프스를 지키기 위한 '영축환

극락암으로 가는 길에 있는 소나무 숲

경위원회靈鷲環境委員會'를 구성하여 신불산 케이블카 반대 운동에 나
서는 등 사찰 환경을 지키고 고찰古刹답게 보존하려는 의지가 남다
르다.

　이와 같이 통도사는 신라 시대 이래 1300여 년 동안 수많은 지역
의 임야를 소유해왔으며, 숲의 종교로서 산을 지키고 숲을 가꾸어
왔다. 생태환경의 우수성은 이미 증명되어 오늘날에도 가지산도립
공원으로 지정되어 있으며, 가지산도립공원의 통도사 지구 전체 면
적 28,622,781제곱미터 중 59.4퍼센트인 16,998,394제곱미터의 사
찰 소유 토지가 공원 지역으로 지정되어 있다.

외국인이 본
통도사

지난 2013년 9월 말경 미국의 저명한 시인이자 아이오와대학교 University of Iowa의 국제 창작 프로그램International Writing Program 원장인 크리스토퍼 메릴Christopher Merrill 교수와 옥스퍼드대학교를 졸업하고 서강대학교 영문과 교수를 지낸 영국인 앤소니Anthony 신부(한국명 안선재)가 종교 문화 체험을 위해 1박 2일간 통도사에서 묵으면서 남긴 시가 있다.

외국인으로서 통도사 경내를 순례하며 느꼈던 통도사에 대한 종교적 방문 체험을 담은 기행시로서의 의미가 있어 소개해본다.

통도사 적멸보궁에 참배하는 메릴 교수(오른쪽)와 안선재 교수(가운데)와
이병인 교수(왼쪽)

통도사에서 通度寺詩

크리스토퍼 메릴, 2013년 9월 30일

(안선재 교수 초역, 이병인 · 이영경 교수 윤문 및 정리)

비― 내려
산문 앞 소나무 쓰러지고
장독 속 된장 익어가는데
작업 중인 스님 뵙고 절을 하네.

해탈교 반쯤 건넜을 때
미끄러운 계단에서 발을 헛디뎌
거의 떨어질 뻔하였는데
어찌 다시 균형을 잡았는지―

태초의 소리인 양―
천국과 지옥에서 들려오는 소리처럼
북 치는 스님들 세상 위해 기도하라 하고
목어와 운판, 종소리도 그러하네.

옛터의 새로운 친구인

차밭과 논, 연못의 꽃들은

이미 시들었지만—

소나무는 오랫동안 살아 있네.

큰스님이 가르침 펼치셨던 극락암엔

천둥과 번개, 비가 내려

새로 짓는 숙소 옆 불도저만

한가로이 쉬고 있네.

장경각에 들어서니

두터운 유리 안

미로 같은 선반 위 도자 대장경에 빠져

그곳을 벗어날 수 없네.

과수원 단감 무르익어가고

비에 젖은 땅 위의 닭들 소리치며 뛰놀고

다관 속 녹차 잎 우러나는데

고귀하신 스님으로부터 많은 선물 받았네.

장대 같은 빗물에 물레방아 돌아가듯

높은 산중 절 안 빈 뜰에서

내가 스님 말씀 올바르게 들었는지

세상 살며 마음공부 끝이 없네.

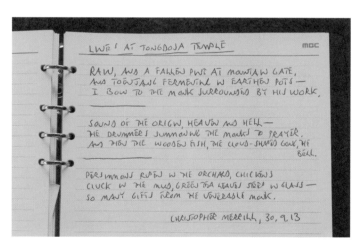

메릴 교수가 지은 「통도사에서」 원문

Lines at Tongdosa Temple

for Brother Anthony – by Christopher Merrill

Rain, and a fallen pine at Mountain Gate,

And soybean paste fermenting in brown pots—

I bow to the monk surrounded by his work.

Halfway across the Bridge of Liberation

I lose my footing on the slickened stairs

And nearly fall······ How to regain my balance?

Sound of the origin, Heaven and Hell :

The drummers summoning the monks to prayer —

And then the wooden fish, the cloud-shaped gong, the
bell.

Tea and rice fields, a pond of lotuses

Past blossoming, new friends in an old place :

The trees spared by the occupying army.

Lightning, thunder, and rain in Paradise
Hermitage, where the master taught. Idle
The earth mover by the new dormitory.

Enter the labyrinth of sutras carved
Into ceramic tiles and stacked on shelves
Behind thick glass, and you may never leave.

Persimmons ripen in the orchard, chickens
Cluck in the mud, green tea leaves steep in glass —
So many gifts from the venerable monk!

The water wheel turns in the driving rain,
In the empty courtyard high up on the mountain.
Did I hear it right? This work is never done.*

---

* 이 장은 『가지산도립공원의 자연환경 : 통도사지구를 중심으로』(세종출판사,
2014)의 자료를 바탕으로 재편집한 것이다.

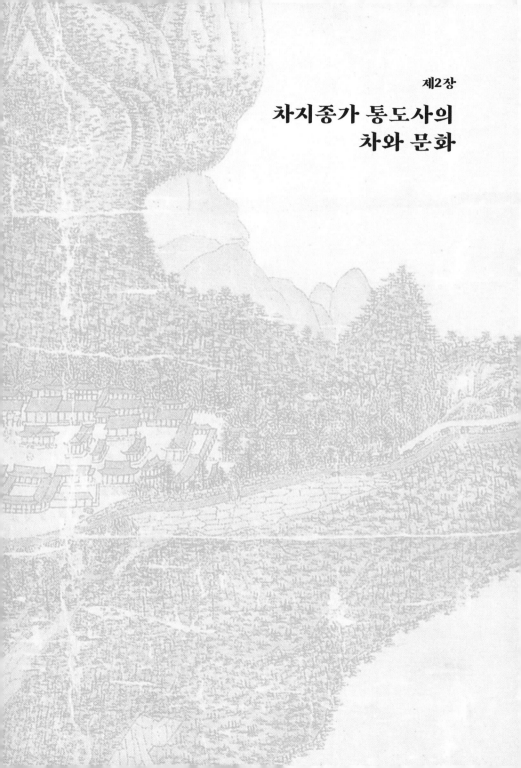

제2장
차지종가 통도사의
차와 문화

통도사 차의 역사성과 상징성

우리나라 차의 기원에 대해서는 '자생설'과 '전래설'이 있다. 자생설은 한치윤(1765~1814)이 쓴 『해동역사海東繹史』와 이능화(1869~1943)가 지은 『조선불교통사(하권)』의 "녹차가 수입되기 전부터 우리 민족은 백산차白山茶를 널리 마셨다"라는 기록에 근거하고 있다. 백산차의 '백산'은 백두산의 옛말인 '장백산'에서 나온 말이다. 기후 여건상 차나무가 자생할 수 없기에 백산차는 백두산에서 나는 석남과나 철쭉과의 나뭇잎을 따서 만든 차로 추정된다.

그리하여 엄밀한 의미에서 우리나라 차의 역사는 외부 전래설이 신빙성이 높으며, 세계 차의 원산지인 중국과 인도 전래설이 설득력이 높다. '인도 전래설'로 『삼국유사』「가락국기」에 의하면, 기원 48년 7월 27일 허황옥이 오빠 장유 화상과 인도에서 가야로 올 때, 그들에 의해 인도 차가 가야로 전래되었으리라는 추정이다. 이 전설은 이능화의 『조선불교통사』와 김해 『은하사 취운루 중수기』에 기록되어 있다.

또한 보다 실질적인 전래 경로는 '중국 전래설'로서 『삼국사기』에 기록된 내용으로 몇 가지 중요한 사실을 확인할 수가 있다.

① 서기 828년(신라 흥덕왕 3년) 김대렴이 당나라에 사신으로 갔다가 귀국하면서 차의 종자를 가지고 왔으며, 흥덕왕이 지리산에 공식적으로 심게 하였다. ② 우리나라의 차는 이미 선덕여왕(632~647) 때부터 있었으나, ③ 흥덕왕(826~836) 이후부터 번성하게 되었다는 이야기다.

여기에서 ① 첫 번째는 차 씨앗을 가져다 지리산 기슭에 심었다는 기록인데 이때부터 본격적인 차 재배가 시작되었다는 것이고, 지금까지는 이 사실만을 강조해왔다. 그렇지만 보다 중요한 내용은 그 당시 차 문화가 사찰과 왕궁 중심에서 일반으로 보다 대중화되었다는 ③ 세 번째 사실과, ② 차는 선덕왕 때부터 있었다는 사실이다. 이 점은 특히 우리나라 차의 역사에서 '통도사 전래설' 또는 '통도사 시원설'을 새롭게 유추해볼 수 있는 중요한 기록이라고 판단된다.

무엇보다 선덕여왕 때부터 차가 있었다는 사실은 특히 당시 차문화의 주체가 누구였는지를 확인해보면 알 수가 있는데, 646년 통도사를 창건한 자장 스님이 그 중심에 있었음을 여러 기록을 통해 확인할 수 있다. 선덕여왕은 서기 632년부터 647년까지 16년간 재위하였는데, 그 당시 원효元曉(617~686) 스님과 의상義湘(625~702) 스님은 자장 스님과 한 세대(27년/35년) 이상의 차이가 나므로 연령 상 아직 활동할 시기가 아닌 것으로 확인되고 있다.

특히 원효 스님과 의상 스님은 선덕여왕 사후인 문무왕 1년(661 년)에 사신의 배를 타고 당나라에 갔던 사실이 확인된다. 따라서 선 덕여왕 때 차 문화의 시조는 선덕여왕 재위 시에 가장 핵심적인 활 동을 했으면서 중국을 다녀온 자장 스님으로 보는 것이 타당할 것 같다. 이 점은 통도사 율원장 덕문 스님께서 말씀하셨듯이, 자장 스 님이 중국 순례 기간 중에 당 태종의 귀의를 받아 승광별원과 운제 사에 주석하면서 당시의 귀한 물건들을 두루 공양 받았다는『송고 승전』에 언급된 내용과 일치한다. 또 류건집 선생도『한국차문화 사』에서, 당시 차 문화는 중국을 왕래하는 사신이나 상인들, 특히 많은 유학승留學僧들이 몇 년씩 중국의 차 생활을 체험하고 돌아와 음다飲茶 풍속이 자리 잡게 되었다고 보았다. 그렇다면,『삼국사기』 에 나타난 ② 두 번째 사실의 주체는 자장 스님이고, 다소촌 등 차 재배까지 가능한 통도사가 한국 차 역사의 시작을 알리는 시원지라 고 볼 수 있다. 이에 대한 구체적인 사실은『삼국사기』에 잘 기록되 어 있다. 그중 선덕여왕과 자장 스님에 대한 주요 내용을 정리해보 면 표 4와 같다.

표 4. 『삼국사기』에 나타난 선덕여왕 재위 시기의 자장 스님의 주요 활동

연도	주요 내용
선덕여왕 1년(632년)	선덕여왕 즉위(재위 기간 632~647).
선덕여왕 5년(636년)	① 자장 법사(慈藏, 590~658)가 불법을 배우러 당나라에 들어감.
선덕여왕 12년(643년) 3월	② 당나라에서 불법을 배우던 고승 자장이 돌아옴.
선덕여왕 14년(645년) 3월	③ 자장 스님의 요청으로 황룡사탑을 세움.
선덕여왕 16년(647년) 8월	선덕여왕 사망.

(자료 : 『삼국사기』 제5권 「신라본기」 제5(三國史記 卷第五 新羅本紀 第五))

　『삼국사기』 제5권 「신라본기」 제5에 보면, 선덕여왕 재위 시 가장 왕성한 활동을 했던 중요 인물은 자장 스님이었음을 구체적으로 확인해볼 수가 있다. 632년 선덕여왕이 즉위한 후, 자장 스님은 636년에 중국 당나라에 가서 7년간 공부하다가 643년 귀국하여 그해 오대산에 월정사를 창건하고, 645년에는 자장 스님이 요청하여 경주 황룡사에 황룡사탑을 세웠고, 646년 자장 스님께서 통도사를 창건하셨다.

　여기에서 우리가 『삼국사기』의 내용과 중요성을 인정한다면, 위에서 서술한 ① 첫 번째 사실인 김대렴이 차 씨앗을 가져다 지리산에 심게 했다는 것은 차 시배지로서의 역할을 이야기한 것이고, 이보다 중요한 그 이전의 차 문화와 차 생활이 있었다는 역사적 사실을 우리가 외면하고 있었다는 사실이다. 이 점에서 자장 스님과 통도사는 선덕여왕 당시 신라에서 중요한 역할을 담당하고 있었다는

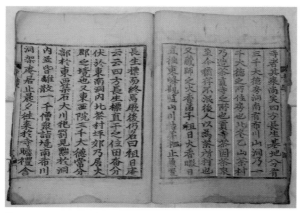

『통도사 사적기』 중 '다소촌(茶所村)'과 '다천(茶泉)'에 대한 기록

사실을 재확인하고, 한국 차의 시원지 또는 발원지로서 통도사의
역사적 상징성과 가치를 재평가해야 하며 새롭게 정립해갈 필요가
있음을 확인할 수 있다.

『통도사 사적기』 가운데 「사지사방산천비보寺之四方山川禪補」에는,
"북쪽의 동을산 다소촌은 곧 차를 만들어 통도사에 차를 바치는 장
소다. 차를 만들어 바치던 차 부뚜막과 차 샘이 지금에 이르도록 없
어지지 아니하고 있으니 후인이 이로써 다소촌이라 했다.北冬乙山茶村
乃造茶貢寺之所也 貢寺茶茶泉至今猶存不泯 後人以爲茶所村也"라는 기록이 전해지고
있다.

이와 같이 통도사는 사적기에 '다촌茶村', '다천茶泉', '다소촌茶所村'
등이 언급되어 있을 만큼 우리나라 옛 차 성지의 하나로 매우 중요

한 위치를 차지하고 있다. 오늘날에도 부처님의 진신사리를 모신 적멸보궁 주위와 산중에 일부나마 차나무들이 자라고 있고, 곳곳에 훌륭한 샘물들이 남아 있다. 『삼국사기』와 『통도사 사적기』의 기록을 통해 볼 때, 통도사가 창건 당시부터 차 문화를 시작했고 다소촌 등이 존재했다면 우리나라 차 시배지의 역사도 재고되어야 할 것으로 판단된다. 우리나라 차의 '통도사 전래설' 또는 '통도사 시원설'은 매우 의미 있는 역사적 사실로 유추될 수 있으므로 '한국차 성지로서의 통도사'에 대한 위상을 재정립해볼 필요성이 있다. 또한 자장 스님에서 이어지는 원효 스님의 원효방 이야기, 충담 스님의 삼화령 미륵보살 차 공양, 진감 국사眞鑑國師(774~850)의 선차 등 역사적 시원으로서의 가치도 재정립되어야 한다. 이에 대해서는 추후 지속적인 연구를 통해 한국 차 역사에서 통도사의 역사성과 상징성을 정립해가야 할 것으로 사료된다.

통도사의 차 생활과 차 정신

오늘날 한국 사찰에서 차 인심과 차 문화, 그리고 차 생활과 헌다례가 가장 활성화된 사찰이 바로 통도사라는 사실은 이미 잘 알려져 있다. 그렇다면 통도사의 차 생활뿐만 아니라 통도사의 차 정신은 무엇인지 살펴볼 필요가 있다.

먼저 차인茶人들은 "통도사 차는 진하다"라는 말을 많이들 한다. 그 대표적인 예가 극락암 명정 스님의 선차禪茶다. 극락암을 찾아 명정 스님을 뵙고 차를 마실 때, 스님께서는 차인들이 통상 사용하는 4그램, 5그램이 아니라 5인용 다관 크기에 차 반 통 이상을 넣으신다. 차를 우리는 시간도 몇 분이 아니라 일이십 분 이상 우려낸 후 내어 주신다. 차인이라면 그때의 차 맛을 능히 기억하리라 본다. 그만큼 차 인심이 후하다고, 아니 진하다고 볼 수 있다. 귀한 것일수록 나눠 마신다는 통도사의 차 인심이 영축산의 경계만큼 넓고

통도사 차 밭과 영축산

깊음을 알 수 있다.

　통도사 차에 대한 또 다른 이야기로 마산 정법사 주지이신 도문 스님께서 들려주신 일화가 있다. 현 통도사 방장이신 성파 스님께서 1980년대 초반 통도사 주지 소임을 맡으실 적에 "시자야, 차 내오레이" 하면 일반 손님이고, 간혹 "차 진하게 내오레이" 하면 귀한 손님이니 잘 대접하라는 의미였다고 한다. 그만큼 통도사의 차는 말 그대로 일상의 다반사 생활이고, 통도사의 차 인심은 어느 곳보다 후하다고 볼 수가 있다.

통도사의 차 생활은 음다로서 다반사^{茶飯事}의 일상행이기도 하지만, 경봉 스님의 『삼소굴 일지』에 나타나 있듯이 아침 차, 낮 차, 저녁 차 등 생활 속에서 차를 권하며^{勸茶}, 차 마시고 소 기르는 '끽다목우가풍^{喫茶牧牛家風}'의 아름다운 전통이 있다. 이에 대해 구체적으로 살펴보면 다음과 같다.

통도사는 나라를 대표하는 불가의 큰 사찰이자 불교계의 종가 사찰답게 새벽 예불로 하루를 여는데, 새벽 예불은 다음과 같은 '다게^{茶偈}'로 시작된다.

맑은 물로 감로차를 우려	我今淸淨水 變爲甘露茶
삼보전에 올리오니	奉獻三寶前
받아 주소서, 받아 주소서.	願垂哀納受 願垂哀納受
자비롭게 받아 주소서.	願垂慈悲哀納受

'청정감로다^{淸淨甘露茶}'라는 새벽 기도의 청정한 법음은 곧 어둠 속에서 새벽을 여는 광명^{光明}의 소리이기도 하지만, 지극한 마음과 정성으로 우주법계의 가장 소중한 부처님께 청정한 공양물인 차를 올리는 중생의 아름다운 모습이다.

이와 같은 청수 공양은 온 우주의 광명을 여는 첫 소식이기도 하고, 깨달은 분을 이어가고자 하는 중생의 바람이기도 하다. 그런 의미에서 '청수^{淸水}'와 '청다^{淸茶}'로 이어지는 소중한 전통이 바로 헌다례의 근원이 아닐까 한다. 이같이 통도사의 음다 풍속은 근원적으로 헌다례를 바탕으로 선차禪茶의 차 정신을 이어왔다고 판단된다.

조선 시대 함허 스님(1376~1433)은 사형이신 진산 스님과 옥봉 스님이 입적했을 때 다음과 같은 게송을 읊었는데, 생生과 사死를 초월하여 차를 통한 청정한 수행 가풍을 보여준다.

한 잔의 차는 한 조각 마음에서 나왔으니	一椀茶出一片心
한 조각 마음은 한 잔의 차에 담겼어라.	一片心在一椀茶
마땅히 이 차 한 잔, 한 번 맛보시게.	當用一椀茶一嘗
한 번 맛보시면 한없는 즐거움이 솟아난다네.	一嘗德生無量樂

이 차 한 잔에	此一椀茶
나의 옛정을 담았구려.	露我昔年情
차는 조주 스님 가풍이라네.	茶含趙老風
그대에게 권하노니 한번 맛보소서.	勸君嘗一嘗

서산 대사(1520~1604) 또한 도운 선자道雲禪子에게 주는 선시에서 끽다거로 유명한 조주 선사를 이야기하며, 차를 달여 공양하는 것이 바로 선禪 수행임을 전하고 있다.

중이 한평생 하는 일이란	衲子一生業

차茶를 달여 조주趙州에게 올리는 것.	烹茶獻趙州
마음은 재가 되고 머리 이미 희었나니	心灰髮已雪
어찌 다시 남주南洲를 생각하리오.	安得念南洲

이와 같이 맑은 마음으로 맑은 차를 올리는 정성스러운 행위야말로 온 우주를 깨끗하게 만드는 청정국토원淸淨國土願을 실현하고, 그것은 곧 깨달음으로 가는 수행 활동이다.

근현대 시기 통도사 극락암에 주석하셨던 선지식인 경봉 스님(1892~1982) 또한 선 수행 속에 '선다일미禪茶一味'를 실천하며, 차를 달이는 행위 속에 옛길이 있고 그것이 곧 인생의 일상삼매日常三昧이며 우주만상宇宙萬象의 진리라고 설파하셨다. 경봉 스님은 방 안의 촛불이 춤추는 것을 보고 큰 깨달음을 얻었다고 전하며, "차를 만나면 차를 마신다"라고 유달리 차를 좋아하셨다. 경봉 스님의 차시茶詩 몇 편을 소개하면 다음과 같다.

무심히 옛 누각에 올라보니	無心上古樓
붉은 해는 푸른 하늘에 떴네.	紅日碧天浮
벗을 불러 차를 마실 제	喚友分茶處
산은 높고 물은 길게 흐르더라.	山高水長流

도인의 삼매는 차 석 잔이고	道人三昧茶三椀

무사의 생애는 칼 한 자루인데　　　　　武士生涯劍一柄

추운 날 매화는 부처를 토하네.　　　　　寒梅吐紅古佛心

하늘에 가득한 비바람 허공에 흩어지니　　滿天風雨散虛空

달은 일천 강의 물 위에 떠 있고　　　　　月在天江水面中

산악은 높고 낮아 허공에 꽂혔는데　　　　山岳高低揷空連

차 달이고 향 사르는 곳에 옛길을 통했네.　茶煎香爇古途通

푸른 물 찬 솔, 달은 높고 바람은 맑아　　碧水寒松　月高風淸

향기 소리 깊은 곳에 차 한 잔 들게.　　　香聲深處　相分山茶

차 마시고 밥 먹는 게　　　　　　　　　遇茶喫茶　遇飯喫飯

인생의 일상 삼매 소식이라.　　　　　　人生日常　三昧之消息

차茶, 차, 이 한 잔의 차 맛에는　　　　　茶茶這箇茶一味

우주만상宇宙萬像의 진리가 여기에 있으니　宇宙萬像之眞理

이 맛이 어떻다고 보이기도 어려우며　　在此難同示難同說

말하기도 어렵구나.

아자자阿剌剌 가가소呵呵笑　　　　　　阿剌剌　呵呵笑

만산의 단풍경치는 이월의 꽃보다 곱구나.　萬山楓葉景　勝如二月花

이와 같이 다게·다례·헌다례도 마음으로 부처님께 다가가기

위한 청정한 행위이고 깨달음을 구하는 수행 방법이다. 또한 통도
사 개산대제 이운제는 단순한 의례라기보다 부처님께 진심으로 다
가가기 위한 아름다운 행위이자 전통이고, 그것은 곧 적멸보궁의
부처님 진신사리를 모신 부처의 세계로 들어가기 위한 수행자의 정
진 행위라고 볼 수가 있다. 그렇듯이 부처님과 역대 조사 스님들께
청정한 감로다甘露茶를 올리는 헌다례 또한 청정한 마음으로 선禪의
경지, 곧 부처님의 깨달음의 세계로 향하는 지극한 수행 행위이다.

　결국 통도사에서 이루어지는 헌다례와 이운제의 모든 행위는 이
세상을 청정한 국토인 불국정토佛國淨土로 만들어가고, 우리 모두가
청정한 마음으로 귀의하는 행위이다. 이와 같이 차를 통해 '심청정
心清淨, 국토청정國土清淨'의 깨달음으로 가는 세계가 곧 헌다례라고
할 수 있다. 통도사의 헌다례는 이와 같이 부처님 세계로 나아가기
위한 지극한 마음으로 표현되는 의식이며, 청정한 수행 가풍의 대
표적인 실례라고 볼 수 있다.

경봉 스님 선서 '다선(茶禪)'

통도사 헌다례의 의미와 가치

　오늘날 통도사에서 봉행하는 헌다례는 그 상징성과 의미가 매우 크다. 무엇보다 역사와 전통을 계승하여 오늘날에도 여법하고 장엄하게 진행되고 있다는 사실이 중요하다.

　통도사에서 진행되는 ① 보궁 헌다례, ② 부도 헌다례, ③ 개산대제 영고제는 특히 전통성과 상징성 면에서 이미 우리나라를 대표하는 헌다례가 되었으며, 이들을 앞으로도 한국불교의 대표 다례로서 지속적으로 살려가는 노력이 필요하다.

　현 율원장인 덕문 스님께서 제시하였듯이 통도사에서 이루어지는 각종 헌다례 중 금강계단에 올린 '보궁 헌다례'는 자장 스님이 다두茶頭가 되고 그 계맥을 이은 조일 율사와 곡성 선사가 시자가 되어 금강계단에 헌다한 것이 바탕이 되었다. 이러한 전통이 '부도 헌다례'나 '개산대재 영고재'로 자리 잡았다.

통도사 봉발탑

① 통도사의 '보궁 헌다례'는 통도사 금강계단에서 모시는 헌다
례로, 계단을 축조한 초기부터 거행되어 자장 율사와 화향 제자인
조일 율사, 곡성 선사 등이 모셨다. 이러한 전통을 이어서 매년 음력
4월 8일 부처님 오신 날에 통도사 선다회에서 다각과 시자 소임을
맡아 보궁 헌다례를 봉행하여 2018년 현재 17회째 국내 최대의 규
모로 장엄하게 봉행하여왔다. 방장 스님과 주지 스님 이하 사부대

중의 축제로 명실공히 불지종가로서의 위엄과 품격을 갖춘 훌륭한 헌다례가 진행되어오고 있다.

② '부도 헌다례'는 통도사 개산 이후에 통도사를 지키고 발전시켜온 고승 대덕 스님들의 공덕에 감사하며 올리는 헌다례로, 매년 개산대재 하루 전날인 음력 9월 8일 부도전에서 행한다. 2018년 현재 19회째 봉행하고 있다.

③ '개산대재 영고재'는 1982년 개산조당에서 봉행하기 시작했다. 한동안 설법전에서 기념식 위주로 봉행해오다가 불기 2559년(2015년) 개산대재부터는 개산조당에서 영고재를 모시고 설법전에서 기념식을 하는 방법으로 봉행하고 있다. 이 과정에서 구하 스님께서 1953년癸巳 9월 9일에 만든 「개산조당상공의규開山祖堂上供儀規」라는 자료를 찾아 영고재의 의식문으로 삼아 여법하게 다례제를 수행함으로써 통도사의 품격을 고양시킨 점은 참으로 특기할 만한 일이다. 이는 법고창신의 구체적 발현으로 이처럼 천년의 역사성과 전통성을 구체적으로 확인하고 오늘날 재현하는 노력이 필요하다.

이와 같이 보궁 헌다례와 부도 헌다례, 그리고 개산대제 영고제 등 통도사의 헌다례는 지난 천년의 역사와 전통을 이어가고 새천년의 역사를 만들어가는 일이다. 특히 보궁 헌다례와 부도 헌다례는 통도사가 지닌 문화 역량이나 수행 가풍, 그리고 '불지종가 국지대찰'의 품격을 느낄 수 있는 훌륭한 헌다례로서 오늘날 국가적·세계적 유산으로 지속해가야 할 것으로 판단된다.

마지막으로 1982년에 통도사에서 개산대재를 봉행하기 시작한 이후 전국의 사찰에서도 개산대재를 봉행하는 일이 일반화되었다는 사실은 그 의미와 가치가 매우 크다. 개산대제가 가지고 있는 상징성과 역사성을 살려 무형문화유산으로 특화함으로써 과거 천년뿐 아니라 미래 천년을 대비하고 창조해가는 실질적인 노력이 필요하다.

통도사 헌다례를 위한 제언

　불지종가이자 국지대찰인 영축총림 통도사는 말 그대로 나라를 대표하는 불교 집안 종가로서 위엄과 품격을 지켜가는 의식들이 이루어져야 한다. 그 점에서 통도사의 차와 헌다례는 그 어떤 행사보다 전통성과 상징성이 크다. 이러한 의미를 살려가도록 지속적인 노력을 위한 제언을 덧붙이면 다음과 같다.

　첫째, 차 문화의 성지로서 통도사의 위상 확립을 위한 체계적인 연구가 필요하다. 『삼국사기』와 『통도사 사적기』 등의 자료를 바탕으로 보다 구체적 · 지속적인 연구를 통해 통도사가 가지고 있는 한국 차의 성지로서의 역할과 기능을 재평가함으로써 우리나라 차의 역사성과 상징성을 재정립할 수 있도록 해야 한다. 이제는 '한국의 불지종가'로서뿐 아니라 명실상부한 '한국의 차지종가'로서의 위상과 품격을 고양해 나갈 수 있도록 해야 한다.

통도사 적멸보궁 뒤 차밭

　둘째, 현재 봉행되고 있는 보궁 헌다례와 부도 헌다례, 개산대재
영고재에 대해서는 지속적인 연구와 고증을 통해 이를 개선·보완
해야 하고, 이와 함께 뛰어난 역사적·전통적·문화적 가치를 되살
려가기 위한 체계적인 후속 연구(① 한국 차의 시원지로서 통도사의 역
사적 가치와 의미, ② 통도사 헌다례의 전통과 현대적 계승, ③ 새천년을 만
들어가는 통도사 무형유산의 지정에 관한 연구, ④ 통도사의 사찰약수 연구
등)를 통하여 통도사의 실질적인 역할과 기능 등에 대해 학문적으
로 정립하는 작업도 필요하다.

통도사 적멸보궁 차나무를 답사하며(도문 스님, 이영경 동국대 교수, 최송현 부산대
교수, 홍석환 부산대 교수)

셋째, 통도사 차 역사의 시원성과 차 발상지로서의 역할을 확대
하기 위한 노력이 경주되어야 한다. 통도사는 옛 사적기의 다소촌
기록과 적멸보궁 주변의 차밭은 물론 현재도 '통도선다通度禪茶'의
음다 가풍과 보궁 헌다례 등 다양한 헌다 전통과 선다회, 성보다회
등 차회 활동이 있다. 이러한 과거의 전통과 역사를 바탕으로 현재
의 자원을 활용하여 통도사 차 역사의 역사성과 전통성을 살려가
는 구체적인 방법의 하나로, 1980년대에 조성한 통도사 차밭을 활
용하여 통도사 차를 만들어가는 것이 바람직하다. 또한 통도사에서
거행되는 헌다례 등 모든 행사에 통도사 차를 사용하는 것도 매우
의미 있는 일이다. 현재 연화차 등을 만들어 사용하듯이 통도사 차

밭의 찻잎으로 차를 만들어 '통도복차通度福茶', '감로불차甘露佛茶', '통
도불차通度佛茶', 통도선차通度禪茶' 등의 이름으로 모든 행사와 기념품
등으로 활용하는 것도 필요하다.

넷째, 앞으로 헌다례를 포함한 개산대제는 전통성과 역사성, 문
화성, 그리고 세계성을 포함하고 있으므로 단순한 종교적·문화적
의례儀禮로서뿐만 아니라 이제는 국가적·세계적 문화유산으로 잘
보존하고 전승시켜 나갈 필요가 있다. 그런 의미에서 앞서 언급하
였듯이 이제는 새천년을 만들어가는 통도사 무형문화유산의 지정
에 관한 연구 등을 통하여 통도사의 헌다례 또는 개산대제를 국가
적·세계적 무형유산으로 지정하여 특화하는 것도 적극 검토해야
한다.

통도사는 이제 과거와 현재, 그리고 미래의 삼세三世로 이어지는
우리 모두의 사찰, 또 천년 고찰로 새로운 천년을 주도적으로 창조
해가야 한다. 그럼으로써 과거 천년의 역사와 전통을 이어서 새로
운 천년을 만들어가는 세계 속의 사찰로 거듭나리라 기대한다.*

---

* 이 장은 「2016년(개산 1371주년) 영축문화대재 학술대회 : 통도사 개산대재
  의 문화적 가치」의 자료를 바탕으로 재편집한 것이다.

제3장

한국의 사찰약수

명산(名山)엔 명찰(名刹)이 있고, 명수(名水)가 있다네.

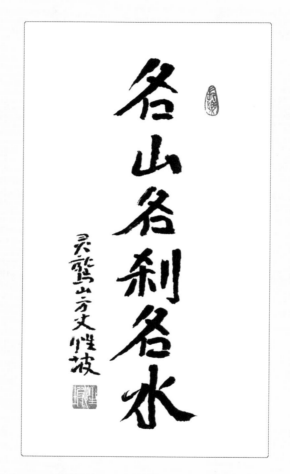

성파 방장 스님 휘호 '명산 명찰 명수'

약수에 대한 기본 지식

왜
사찰약수인가?

　물은 인간을 포함한 모든 생명체의 탄생과 생명 활동에 중요한 요소임을 부정할 수가 없다. 모든 생명체의 구성 성분 대부분으로서 물은 생명의 유지를 위한 필수 성분이다. 또한 물은 예로부터 차 인들에게도 매우 중요한 역할을 했으며, 차 문헌 등을 살펴보면 옛 차인들은 대부분 수질 전문가였음을 확인할 수 있다.

　예로부터 유명한 차인들은 좋은 물을 선택하는 데 탁월한 감각이 있었다. 기존에 발간된 차에 관한 문헌에는 대개 물의 선정과 사용에 대한 글들이 일부분이나마 실려 있다. 육우의 『다경茶經』, 초의 선사의 『동다송東茶頌』, 『다신전茶神傳』, 장우신의 『전다수기煎茶水記』, 구양수의 『대명수기大明水記』, 『부차산수기浮搓山水記』, 전예형의 『자천소품煮泉小品』 등의 문헌이 있다. 중국 당나라 시대의 문인 육우는 『다경』에서 찻물 구분에 대해 말했고, 우리나라 고려 말의 문신이었던 기우자騎牛子 선생 같은 분은 전국을 유람하며 물맛을 보고 평가하였다고 한다.

육우는 『다경』에서 차 만드는 데 따르는 '아홉 가지 어려움茶有九難' 중 다섯 번째 어려움의 하나로 물을 선별하는 것을 이야기했다. "찻물은 산수山水가 상등품이요, 강물江水이 중등품이요, 우물물井水이 하등품其水 用山水上 江水中 井水下이라." 초의 선사는 『동다송』에서 "차茶는 물의 신神이요, 물은 차茶의 체體이니, 진수眞水가 아니면 차신茶神을 나타낼 수 없고, 진차眞茶가 아니면 수체水體를 나타낼 수 없다"고 하였다.

이와 같이 대부분은 산물을 이상적으로 여겼으며, 그중에서도 산마루의 물을 더 좋은 것으로 간주했다. 우물물은 인가에서 가깝기 때문에 적합하지 않으며, 강물은 물고기의 비린내 등이 날 수 있고 모든 물이 모이기 때문에 좋지 않다고 했다.

이러한 점은 오늘날에도 큰 차이가 없는 것으로 판단되므로, 현실적인 입장에서 좋은 물을 선택해야 하는 관심과 노력이 필요하다고 본다. 그런 관점에서 오늘날에는 우선 오염되지 않은 지역의 산수山水가 가장 좋은 물이라고 볼 수 있다. 그다음이 우물물이고, 강물은 대부분 오염에 노출되어 있다. 따라서 현실적으로 마시기 적당한 물을 구하기가 어렵다고 판단된다.

그러나 '명산에 명찰이 있고, 명수가 있다'라고 하듯이 이름난 산에는 예로부터 이름난 사찰과 좋은 약수가 있다. 오늘날과 같이 주요 도시 지역과 하천들이 오염된 상황에서 산중에 위치한 역사적인 사찰약수들을 확인해보는 것은 의미 있는 일이다. 그래서 우선 기본적인 물의 특성에 대해 알아보고, '한국의 4대 사찰명수'와 '한국의 10대 사찰명수'를 살펴보도록 한다.

좋은
물이란?

사람에게 좋은 물이란 관점에 따라서 다양하게 나타날 수 있다. 예로부터 물이 가져야 할 기본 특성에 대해 많은 언급이 있었다. 4천여 년 전 산스크리트Sanskrit 원전에 의하면, 먹는 물에 대한 처리 기준은 더러운 물을 끓이고 햇빛에 쪼이며 뜨거운 구리 조각에 일곱 번 담근 후 여과하여 토기에 차갑게 보관하는 것이었다. 또한 이러한 방법이 의학의 신에 의해 지시되었다고 전한다. '서양 의학의 아버지'라 불리는 히포크라테스Hippocrates(B. C. 460?~377?)도 물에 대한 위생 조사의 필요성을 인정하였으며, 낯선 사람이 도시에 왔을 때에는 도시인들이 사용하는 물에 대해 주의 깊게 고려해야 한다고 전했다고 한다.

『정토삼부경淨土三部經』에는 '팔공덕수八功德水'라 해서 물이 가져야할 기본 특성으로 여덟 가지 덕목水八德을 꼽고 있다. 즉 가볍고輕, 맑고淸, 시원하고冷, 부드럽고軟, 맛있고美, 냄새가 없으며不臭, 마시기 적당하고調適, 마신 후 탈이 없어야 한다無患는 것이다.

또한 『수품전록水品全錄』에는 물을 논함에 있어서 제일 좋은 물이란 다음의 여섯 가지를 갖추어야 비로소 좋은 물이라 할 수 있다고 기록되어 있다.

① 원源: 물이 나오는 곳이 어떤 곳인가를 알아야 한다.
② 청淸: 물이 맑고 깨끗해야 한다.
③ 류流: 물은 흘러가야 한다.
④ 감甘: 물은 감미로워야 한다.
⑤ 한寒: 물은 차가워야 한다.
⑥ 품品: 물은 앞에서 말한 다섯 가지를 갖추어야 비로소 '품'이라 한다.

이것은 현대의 과학적 의미에서 보면, 오늘날 우리나라와 세계의 모든 국가에서 규정하고 있는 '먹는 물 수질 기준drinking water quality standard'과 같은 개념으로 봐도 좋을 듯하다. 세계보건기구WHO의 보고에 의하면, 수중에 존재하는 오염물질의 종류는 2천여 종 이상의

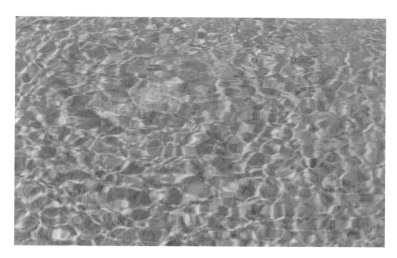

법주사 감로수

화합물질이 있는데, 이 중 약 750여 종은 음료수에서도 확인되었다고 한다. 최근에는 분석 기술이 발달하여 최소한 천수백여 종 이상의 화합물질들이 수중에서 검출되고 있다. 최근에 생수 등 오염되지 않는 약수를 찾는 이유가 여기에 있다고 할 것이다. 이와 같이 물에 대한 연구는 꾸준히 발전해왔으며, 오늘날에는 과학적인 입장에서 볼 때 물의 분자 구조적 특성과 수질적 특성으로 물의 특성을 논하고 있다.

물의 구조적 특성으로는 '물 환경설' 등이 있는데, 이는 우리 생체 구조 내의 물 분자 구조가 육각형 구조를 이루고 있으므로 이런 구조의 물을 많이 복용하는 것이 결국 몸에 이롭다는 것이다.

수질적 관점에서는 인체에 영향을 줄 수 있는 성분들에 대한 분석 결과를 바탕으로 인체에 유용한 성분이 적당량 들어 있는 물을 마시면 결국 인체를 건강하게 할 수 있으며, 인체에 유해한 성분은 가능한 마시지 않아야 한다는 것이다. 이러한 점에서 세계 각국에서는 '먹는 물에 대한 수질 규제 기준'이 설정되어 관리되고 있다.

우리나라에서는 ① 미생물에 관한 기준(6항목), ② 건강상 유해영향 무기물질에 관한 기준(14항목), ③ 건강상 유해영향 유기물질에 관한 기준(17항목), ④ 소독제 및 소독 부산물에 관한 기준(11항목), ⑤ 심미적 영향물질에 관한 기준(15항목), ⑥ 방사능에 관한 기준(3항목) 등으로 구분하여 총 66항목이 설정되어 있다.

여섯 가지 기준 중 다섯 번째 ⑤ 심미적 기준에 대해서는 건강상 그리 큰 문제를 야기하지 않지만, 나머지 다섯 가지 수질 기준 항목들은 인체 건강에 중대한 영향을 초래할 수 있으므로 관련 항목들이 기준치 이내인 것이 바람직하다. 우리나라의 먹는 물에 관한 수질 기준과 규제 이유에 대해 구체적으로 살펴보면 표 5와 같다.

표 5. 우리나라의 먹는 물 수질 기준과 규제 이유

항목	기준(mg/L)	규제 이유
Ⅰ. 미생물에 관한 기준(6)		
1. 일반세균	1mL 중 100CFU (Colony Forming Unit)	수인성 전염병 예방

2. 총 대장균군	100mL(샘물 250mL) 불검출	수인성 전염병 예방
3. 대장균 · 분원성 대장균군	100mL 불검출	수인성 전염병 예방
4. 분원성 연쇄상구균 · 녹농균 · 살모넬라 및 쉬겔라	250mL 불검출	식중독, 장염 등
5. 아황산환원 혐기성포자형성균	50mL 불검출	수인성 전염병 예방
6. 여시니아균	2L 불검출	식중독, 복통, 발열, 설사 등

Ⅱ. 건강상 유해영향 무기물질에 관한 기준(14)

7. 납	0.01mg/L	두통, 현기증, 뇌 손상 등
8. 불소	1.5mg/L (샘물 2.0mg/L)	반상치, 신장 기능 저하 등
9. 비소	0.01mg/L (샘물 0.05mg/L)	독성, 피부암, 폐암 발생
10. 셀레늄	0.01mg/L (염지하수 0.05mg /L)	간경변, 빈혈, 탈모 등
11. 수은	0.001mg/L	미나마타병, 마비, 우울증 등
12. 시안	0.01mg/L	심혈관계, 신경계 손상 등
13. 크롬	0.05mg/L	신장 장애, 코와 폐 손상 등
14. 암모니아성 질소	0.5mg/L	오염 지표
15. 질산성 질소	10mg/L	청색증(blue baby) 유발
16. 카드뮴	0.005mg/L	간과 신장 장애, 골격계 장애, 이타이이타이병 등
17. 붕소	1.0mg/L	생식 장애, 발육 장애 등
18. 브롬산염	0.01mg/L	오존 소독 부산물, 잠재적 발암물질
19. 스트론튬	4mg/L	골암과 백혈병 유발 등
20. 우라늄	30μg/L	신장 손상, 편두통, 메스꺼움, 기형아, 발암 유발 등

III. 건강상 유해영향 유기물질에 관한 기준(17)

21. 페놀	0.005mg/L	중추신경계 마비 등
22. 다이아지논	0.02mg/L	맹독성 발암물질, 신경마비 등
23. 파라티온	0.06mg/L	맹독성 발암물질, 신경마비 등
24. 페니트로티온	0.04mg/L	맹독성 발암물질, 신경마비 등
25. 카바릴	0.07mg/L	구토, 설사, 기관지 수축 등
26. 1,1,1-트리클로로에탄	0.1mg/L	눈점막 자극, 마취 등
27. 테트라클로로에틸렌	0.01mg/L	의식 불명, 간종양 유발 등
28. 트리클로로에틸렌	0.03mg/L	두통, 간 장애 등
29. 디클로로메탄	0.02mg/L	중추신경계 및 심장 독성
30. 벤젠	0.01mg/L	빈혈, 면역 기능 저하 등
31. 톨루엔	0.7mg/L	중추신경계 기능 저하 등
32. 에틸벤젠	0.3mg/L	현기증, 호흡 곤란 등
33. 크실렌	0.5mg/L	구토, 신장 및 간장 손상 등
34. 1,1-디클로로에틸렌	0.03mg/L	간, 신장, 폐 축적 등
35. 사염화탄소	0.002mg/L	황달, 간 손상 등
36. 1,2-디브로모-3-클로로프로판	0.003mg/L	신장 및 신경계 손상
37. 1,4-다이옥산	0.05mg/L	신장 및 신경계 손상, 암 유발

IV. 소독제 및 소독부산물질에 관한 기준(샘물 제외)(11)

38. 잔류염소(유리잔류염소)	4.0mg/L	소독 효과 및 이취미 발생
39. 총트리할로메탄	0.1mg/L	발암물질
40. 클로로포름	0.08mg/L	심장, 신장, 간 장애
41. 브로모디클로로메탄	0.03mg/L	발암물질

42. 디브로모클로로메탄	0.1mg/L	발암물질
43. 클로랄하이드레이트	0.03mg/L	변이원성, 염색체 분열 저해
44. 디브로모아세토니트릴	0.1mg/L	호흡기관 장애
45. 디클로로아세토니트릴	0.09mg/L	호흡기관 장애
46. 트리클로로아세토니트릴	0.004mg/L	유산, 체중감소, 폐암 유발
47. 할로아세틱에시드	0.1mg/L	간종양, 신경계통 문제
48. 포름알데히드	0.5mg/L	호흡 곤란, 신경 손상, 발암물질
Ⅴ. 심미적 영향물질에 관한 기준(15)		
49. 경도(硬度)	1,000mg/L(수돗물의 경우 300mg/L)	물때 및 비누 소비량
50. 과망간산칼륨 소비량	10mg/L	유기물 오염
51. 냄새와 맛	소독으로 인한 냄새와 맛 이외의 냄새와 맛이 있어서는 아니 될 것.	이취미 등
52. 동	1mg/L	간장 장애 등
53. 색도	5도	심미적 영향
54. 세제(음이온 계면활성제)	0.5mg/L(샘물·먹는 샘물은 불검출)	거품 및 생체 독성
55. 수소이온 농도	pH 5.8 이상 pH 8.5 이하(샘물, pH 4.5 이상 pH 9.5 이하)	부식 등
56. 아연	3mg/L	근육통, 발열, 구토 등
57. 염소이온	250mg/L	불쾌한 맛, 부식 유발 등
58. 증발잔류물	500mg/L	맛, 경도, 부식성에 영향
59. 철	0.3mg/L	설사, 구토, 혈색증
60. 망간	0.3mg/L(수돗물의 경우 0.05mg/L)	신장, 간 기능 저하, 만성간염, 금속성 맛 등

61. 탁도	1 NTU (Nephelometric Turbidity Unit)	심미적 영향
62. 황산이온	200mg/L(샘물, 먹는샘물 250mg/L)	설사 유발, 부식 등
63. 알루미늄	0.2mg/L	뼈 축적 등
Ⅵ. 방사능에 관한 기준(염지하수의 경우에만 적용한다)(3)		
64. 세슘(Cs-137)	4.0mBq/L	발암 및 유전 장애 유발 등
65. 스트론튬(Sr-90)	3.0mBq/L	골암과 백혈병 유발 등
66. 삼중수소	6.0Bq/L	방사선 피폭 가능성, 발암 원인

좋은 물의
조건

최근에는 단순한 수질적 관점에서 성분의 제한뿐만 아니라 '맛있는 물'의 조건으로 물의 특성에 대한 연구도 진행되고 있다. 여기에서 '맛있는 물'이란 개인차가 심하다고 볼 수 있다. 개인마다 미각의 차이가 있고, 온도 등의 환경에 따라 맛의 평가가 다른 게 사실이다. 그러나 일반적으로 물속의 칼슘^{Ca} 이온이 나트륨, 칼륨, 마그네슘 이온보다 많으면 맛있고 건강한 물이라 할 수 있다. 참고로 일본 후생성의 '맛있는 물 연구회'에서 제시한 맛있는 물의 조건은 표 6과 같다.

표 6. 맛있는 물의 조건(일본 후생성, 맛있는 물 연구회)

성분	맛있는 물	먹는 물 기준(한국)
증발잔류물(칼슘, 염소이온 등)	30~200mg/L	500mg/L 이하
경도(탄산칼슘의 양)	10~100mg/L	300mg/L 이하
유리탄소(용존 탄산가스)	3~30mg/L	기준 없음
과망간산칼륨 소비량	3mg/L 이하	10mg/L 이하
취기도	3 이하	이상 없으면 됨
잔류염소	0.4mg/L 이하	0.1mg/L 이상
수온(℃)	20도 이하	기준 없음

이밖에도 물에 대한 연구로는, 맛있는 물에 대한 지수 분석으로서 1972년 이래 일본 등 세계 각국에서 수돗물과 음료수에 대한 '광물질 수지Mineral Balance'를 조사하여 수질을 평가하였다. 여기서는 물을 맛있게 하는 미네랄 성분과 맛없게 하는 성분, 적합한 지질, 온도 등을 고려하여 만든 '맛있는 물 지수O Index' 계산식이 있다.

$$O \ Index \ (OI) \ = \ \frac{Ca + K + SiO_2}{Mg + SO_4^{2-}} \quad (단위 : mg/L)$$

이 지수에 의해 계산하여 'OI ≥ 2'이면 '맛있는 물'로 평가된다.

또한, 건강에 이로운 물의 지수 분석으로서 1972년 일본에서 수돗물과 음료수에 대해 광물질 수지를 조사하여 수질을 평가한 방법에 의하면, 'Ca'가 많을수록, 그리고 'Na'가 적을수록 건강에 좋다고 한다. 앞서 언급한 것과 같이 뇌졸중 사망률은 물의 밸런스에 관계하여 'Na, K, Mg'에 비해 'Ca'가 적은 지역의 사망률이 높고, 'Ca, Na, Mg'의 밸런스가 적절한 지역의 사망률은 낮다고 한다. 이와 같이 물이 인체에 영향을 미치는 인자 등을 고려하여 정립한 '건강에 좋은 물 지수$^{K\ Index}$'는 다음과 같다.

$$K\ Index\ (KI) = Ca - 0.87Na \quad (단위 : mg/L)$$

이 지수에 의해 계산하여 'KI ≥ 5.2'이면 '건강에 좋은 물'로 평가된다. 이 계산법을 바탕으로 맛있고 건강에 이로운 물의 밸런스 지표로 개발된 것은 표 7에 나타난 바와 같다.

표 7. 맛있고 건강한 물의 밸런스 지표('OI'와 'KI' 지수 비교)

지수	비고
KI≥5.2, OI>2	맛있고 건강한 물
KI<5.2, OI≥2	맛있는 물
KI≥5.2, OI<2	건강한 물
KI<5.2, OI<2	어느 쪽에도 속하지 않는 물

먹는 물 수질 기준에 적합하다고 해서 모두 맛있는 물이라고 생각할 수는 없다. 우리는 이온들이 전혀 녹아 있지 않은 물을 마시면 물맛이 없다고 느낀다. 흡수되는 미네랄 및 이온들이 적기 때문에

건강과도 관련이 있다. 그러므로 먹는 물에는 적당량의 이온들이 들어 있는 것이 좋으며, 세균을 포함하여 유해 성분들이 기준치 이하로 함유되면 건강한 물이라고 할 수 있다. 앞에서 살펴본 내용을 바탕으로 맛있고 건강한 물을 구분하여 물의 등급을 정리해보면 표 8과 같다.

표 8. 먹는 물의 등급 평가

구 분	먹는 물 수질검사 항목(66개 항목) 적합	KI 지수 ≥ 5.2	OI 지수 ≥ 2
A 등급	○	○	○
B 등급	○	○	×
C 등급	○	×	○
D 등급	○	×	×
F 등급	×	—	—

한국의 사찰약수

　지난 2014년부터 2017년까지 4년에 걸쳐 전국의 주요 명산 지역에 위치한 사찰약수에 대한 현장 답사 및 수질 분석 조사를 체계적으로 시행하였다. 2014년에는 41개 사찰 63개 약수를 조사하였고, 2016년에는 28개 사찰 47개 약수, 2017년에는 영축산 통도사 권역의 큰절과 암자 17개의 사찰약수 40개 약수를 조사하였다. 또한 전국 86여 곳의 주요 사찰과 암자의 식수로 사용하는 150개의 사찰약수를 시료로 채취하여 조사, 분석하였다. 이와 같은 사찰약수에 대한 수질 분석 결과를 종합적으로 검토해보니 다음과 같은 결과들이 나타났다.

　첫째, 산중의 사찰약수는 오염되지 않은 지역에 위치하여 농약과 인공 합성 화학물질 등이 전혀 검출되지 않았으며, 수질적으로 봐도 매우 양호한 물이었다.

둘째, 사찰약수의 미생물에 대한 기준 항목 중 일부는 대장균 등이 검출되었으므로 사찰약수의 미생물 오염에 대한 정기적인 청소와 관리가 필요한 것으로 확인되었다.

셋째, 사찰약수의 물맛 기준으로 살펴보면, 일부 사찰약수는 청정한 광물질을 함유하고 있는 좋은 생수로 활용될 가능성이 높으므로 이에 대해서는 사찰 차원의 활용 방안을 강구하는 것도 바람직할 것으로 판단된다.

넷째, 사찰약수를 종합해보면, 대부분의 사찰약수는 맛있고 건강한 물로 나타난 바, 좋은 물을 오랫동안 유지하기 위해 수원과 수맥 등의 오염과 훼손을 방지하여야 하고, 정기적으로 관리함으로써 지속 가능하게 이용할 수 있도록 하여야 한다.

이상과 같은 사찰약수에 대한 종합적인 조사 결과를 바탕으로 ① '한국의 4대 사찰약수'와 ② '한국의 10(12)대 사찰약수'를 정리해보았다.

한국의
4대 사찰약수

한국의 사찰약수에 대한 연구 등을 바탕으로 정리해본 결과, 우리나라의 주요 사찰약수 중에서 많은 경우 기본적으로 시판되는 국내외 생수보다 좋은 수질과 환경조건 등을 가지고 있으므로 적극 활용하는 것이 바람직하다고 판단된다.

그중에서도 우리나라의 사찰 4대 명수를 제안해보면, ① 영축산 통도사, ② 오대산 월정사, ③ 속리산 법주사, ④ 두륜산 대흥사 등에서 나오는 약수를 수량과 수질 등 종합적인 측면에서 가장 우수한 것으로 선정할 수 있다. 특히 해당 사찰 모두 큰 산을 끼고 있으므로 유역이 넓고, 큰절과 각 암자들의 약수를 종합하여 활용하면 좋을 것으로 판단된다.

① 영축산 통도사는 산내 암자의 17개 사찰약수와 산중 곳곳에 여러 약수들이 있다. 잘 알다시피 통도사는 사적기에 '다소촌', '다천' 등이 기록되어 있는 우리나라 차의 시원지로 잊힌 차의 성지이기도 하다. 그에 대한 구체적 증거로서 "명산에 명차가 있고, 명수가 있다"라고 하듯이 곳곳에 좋은 약수들이 있다. 그중에서도 비로암의 산정약수와 옥련암의 장군수, 백련암의 백련옥수, 안양암의 영천약수, 자장암의 자장수, 서운암 늦재 석간수 등이 유명하다. 백련암 백련옥수는 한방병원에서 길어다 약을 달일 정도로 유명하고, 옥련암 장군수 또한 부산 · 울산의 차인들이 받아다가 찻물로 사용하고 있다. 방장이신 성파 큰스님께서 말씀하시듯, 통도사는 창건 당시 습지였기에 곳곳에서 물이 나고 산의 영역이 넓어 물을 잘 간직하고 있다. 영축산의 통도사 약수는 인근 자수정 광산의 맥이 영축산을 관통하며 물맛을 좋게 하고 맑게 하는 것 같다.

아름다운 통도사 계곡

　② 오대산 월정사는 전나무 같은 기상이 있는 청정한 곳이다. 오대산은 '오대명수五臺名水'라 하여 상원사 지혜수, 중대 옥계수, 동대 청계수, 남대 총명수, 북대 감로수, 서대 우통수 등이 유명하다. 그중 오대산 서대에 있는 우통수于筒水는 조선 시대까지 한강의 발원지로 알려져 오면서 그 역사성과 상징성이 높은 곳이기도 하다. 비록 국립지리원의 측량 결과 검룡소가 한강의 발원지로 확인되었지만, 적어도 5백 년 이상 한강의 발원지로서 문화적 상징성이 있던 곳이다. 북대의 감로수와 중대, 상원사 선방약수, 서대 등의 약수가 맑고 시원하다. 이들 지역의 약수는 오대산 입구의 쭉 뻗은 전나무 숲길처럼 청량감이 있는 청정한 약수다. 역사적으로 『삼국유사』에

오대산 월정사 계곡

효천·보명 두 태자는 번번이 골짜기의 물을 길어와 차를 달여 공
양하고, 밤이 되면 각기 암자에서 도를 닦았다는 기록이 남아 있다.

또한 영축산 통도사와 오대산 월정사는 자장 스님과 깊은 연관성
이 있는 사찰이다. 덕 높으신 스님이 좋은 터를 점지하신다고, 천년
만년 가는 유서 깊은 도량임을 다시 확인할 수 있다. 오대산 상원사
와 속리산 복천암은 조선 제7대 왕 세조의 피부병 치료와 깊은 관
련성을 가지고 있다. 그만큼 역사적으로도 검증되었다는 사실이다.

속리산 법주사 계곡

③ 속리산 법주사는 옛 문헌에 '삼타수三陀水'라 하여 '우리나라 3
대 명수'로 거론될 만큼 유명한 곳이다. 화강암의 단맛이 담긴 맑은
물이 곧 산의 정령인 양 좋은 물이 고이고 흘러 주요 수원이 되었
다. 복천암의 복천약수는 부처님 전에 올리고, 상고암과 상환암의
약수도 맑고 깊다. 복천암과 상고암은 화강암반에서 나오는 석간
수石間水여서 더욱 맑고 단맛이 나는 좋은 약수다. 상환암과 큰절의
감로수는 오염되지 않은 인근의 계곡수를 취수하여 사용하나, 그
또한 맑고 달다. 전반적으로 속리산 약수는 화강암 암반 위에서 나
오는 맑고 순수한 물이기에 수질도 청정하다.

④ 두륜산 대흥사는 초의艸衣 선사가 계셨던 곳으로 차인들이 잘

일지암과 유천

알고 있는 일지암一枝庵이 있다. 오늘날에도 해남 차인회 등을 중심
으로 차 활동이 왕성한 곳으로 한국 차 문화의 부흥이 이루어진 곳
이기도 하다. 중국의 유명한 용정차와 호포천의 샘물처럼, 초의 선
사께서 만든 차東茶와 유천乳泉 등의 산중약수가 잘 어울릴 것 같은
곳이다. 초의 선사는 북미륵암이나 만일암터, 일지암, 남미륵암, 진
불암, 상원암, 도선암터, 심적암터, 남암, 관음암, 청신암 샘터의 물
맛이 달고 맛있다고 하였다.

　현재는 복원된 두륜산 일지암의 유천뿐 아니라, 북미륵암北彌勒庵

과 남미륵암南彌勒庵의 물이 좋다. 큰절의 성보박물관 앞에 있는 장군수將軍水는 옛날 임진왜란 때 승병장이셨던 사명 대사가 계셨던 곳의 샘물로 유명하지만, 수년 전에 보수하면서 길보다 낮게 복원되어 비가 올 때에 물이 흘러들어 오염될 여지가 있어 안타깝다.

그렇지만 아직도 두륜산 곳곳에는 좋은 샘물들이 있다. 일지암의 유천도 맑고, 남미륵암와 북미륵암의 물도 그러하다. 특히 남미륵암 가기 전 바위 속을 흐르는 물은 또 다른 세상에 온 것 같은 느낌을 준다. 물 그 자체로 마셔도 맑고 청정하지만, 그 물로 차를 우려 마신다면 차 맛이 더 그윽할 것 같다.

최근에 사진작가 천기철 씨가 대둔사지에 나온 도선암 터에서 샘터를 발견했는데, 이 샘터가 바로 '고산천孤山泉'으로 고산孤山 윤선도尹善道(1587~1671) 선생이 해남에 낙향하였을 때 이 물을 길어다 차를 달였다고 하듯, 옛 선인들의 이야기가 남아 있는 샘이다.

'한국 4대 사찰약수의 수질적 특성'은 다음 표 9에서 보듯이 기본적으로 농약이나 중금속, 기타 인공 화합물질이 검출되지 않은 순수 상태의 물로, 수중의 pH는 대부분 중성 상태로 유기물 오염이 거의 없고, 수중의 용존산소도 풍부하며, 경도도 매우 낮은 단물인 것으로 나타나고 있다. 또한 물맛 평가 결과 대부분 맛있는 물이거나 건강한 물로 나타났다.

표 9. 한국 4대 사찰약수의 주요 수질 특성

약수명	pH	DO (mg/L)	과망간산칼륨 소비량 (mg/L)	경도 (mg/L)	TDS (mg/L)	물맛 평가	
						O-index	K-index
먹는 물 수질 기준	4.5~9.5	–	10.0	300.0	–	2.0	5.2
통도사	6.9	8.9	0.7	15.6	51.5	45.7	3.4
월정사	6.8	13.5	1.1	12.8	35.6	11.5	3.3
법주사	7.0	8.6	0.3	21.2	61.9	72.9	6.9
대흥사	6.8	7.4	0.7	12.3	26.0	14.2	1.1
범위 (평균)	6.8~7.0 (6.9)	7.4~13.5 (9.6)	0.3~1.1 (0.7)	12.3~ 21.2 (15.5)	26.0~ 61.9 (43.8)	11.5~ 72.9 (13.4)	1.1~ 6.9 (3.7)

(사찰 내 여러 지점의 조사 결과를 평균값으로 정리한 자료임.)

요즘에는 수돗물에 대한 불신 때문에 많은 사람들이 생수를 사서 마시고 있다. 수돗물이 1톤(1000리터)에 700~1,000원 정도 하는 데 비해, 생수는 0.5리터에 500원 이상으로 상대적으로 천 배 이상의 매우 비싼 값을 치르고도 사 먹고 있는 실정이다.

이러한 상황에서 산중 사찰약수는 생수 이상의 좋은 수질로 절을 찾는 모든 탐방객들에게 무상으로 보시되고 있다. 적어도 사찰 내 약수터는 창건 이후 지금까지 감로수甘露水 같은 무한한 청수공양淸水供養을 베풀어왔다. 산중의 감로수 같은 청정한 물에 대해 고마움을 알고 다 함께 즐기면서, 더불어 자연의 무한한 혜택에 고마움을 알고 깨끗하게 지켜가기를 기원한다.

한국의 10(12)대
사찰약수

    지난 20여 년간 우리나라 주요 자연공원 지역의 수백여 사찰을 직접 답사하면서 알게 된 사실은, 우리 사찰은 참으로 자랑할 만한 점이 많다는 것이었다. 사찰은 산 좋고 물 좋은 곳에 터를 잡고 풍성한 역사와 문화, 그리고 아름다운 자연유산을 보존하여 우리 후손들에게 떳떳하게 물려줄 만한 자원들을 간직한 복합유산複合遺産 지역이라는 사실이다. 이 중 하나만 가져도 자랑스러운 일인데, 종교적 성지로서의 사찰은 불교 전래 1,700년 동안 우리의 전통傳統과 문화文化, 그리고 자연自然을 지키고 유지했기에 국가적으로 소중하고 자랑스러운 복합유산의 보고다.

    그중 하나가 산중의 사찰 내에 있는 약수터와 샘물이다. 요즘에도 터를 잡으려면 물이 있느냐 없느냐가 중요한 조건이 되는 것처럼, 예전에도 산중이건 도심이건 물이 좋은 곳이 터가 좋은 곳이었다. 그러기에 '명산에 명찰이 있고, 명수가 있다'라고 하면서 좋은 샘물이 있거나 물길이 있는 곳에 집이 생기고 마을이 생겨났다. 산중의 절집도 그러하다. 좋은 암자엔 좋은 샘물이 있다. 적어도 천년 이상 절을 찾는 사람들에게 감로수로서 좋은 약수를 무상으로 보시해왔다.

    앞서 '한국의 4대 사찰명수'로서 큰 산과 큰절을 끼고 있는 ① 영축산 통도사의 사찰명수, ② 속리산 법주사의 사찰명수, ③ 오대산 월정사의 사찰명수, ④ 두륜산 대흥사의 사찰명수에 대해 소개하였다. 이번에는 큰절이 아니라 우리나라의 대표적인 사찰약수 10여 곳을 중심으로 '한국의 10대 사찰명수'라 하여 총 12개의 주요 사찰약수에 대해 소개하고자 한다.

역사적으로 살펴보면 여러 사찰약수가 전해지고 있지만, 오늘날에도 사용하고 있고 수질과 수량 면, 그리고 관리 상황 등 기타 환경조건 등을 고려하여 활용도가 높은 사찰의 약수들을 중심으로 선정하였다.

'한국의 10대 사찰명수'로는 ① 속리산 복천암福泉庵의 복천福泉약수, ② 약천사藥泉寺의 약천藥泉약수, ③ 옥천사玉泉寺의 옥천玉泉약수, ④ 건봉사의 장군수將軍水, ⑤ 통도사 비로암의 산정山精약수, ⑥ 자재암 약수, ⑦ 백양사 약사암藥師庵의 영천靈泉약수, ⑧ 고란사의 고란정皐蘭井약수, ⑨ 보림사寶林寺의 보림약수, ⑩ 백련사의 선방약수, ⑪ 우곡사牛谷寺 약수, ⑫ 천곡사泉谷寺의 소천수 등을 10대(12대) 명수로 선정하였다.

① 속리산 복천암의 '복천약수'는 조선 제7대 왕 세조와 관련 있는 약수로 화강암 암반에서 나오는 석간수다. 오늘날에도 법당 감로수로 사용되며, 남은 물은 월류하여 생활용수로 사용되고 있다. 암반에서 흘러나오는 물을 무쇠 뚜껑으로 덮어서 관리도 잘 되고

속리산 복천암 복천약수

있다. 물맛 또한 화강암반에서 나오는 물이기에 맑고 달다.

② 약천사의 '약천약수'는 제주도 서귀포시의 바닷가에 위치하는데, 약수가 솟는 샘물이라는 이름처럼 예전에 동네 가축들이 아프면 와서 먹고 가는 물이었다고 하여 절 이름을 '약천사藥泉寺'라고 지었다고 한다. 제주도 샘물이 그렇듯이 현무암층을 통과한 순수 상태의 물로서 지금은 여러 돌 수조를 설치하여 많은 사람들이 이용할 수 있도록 해놓았다.

③ 옥천사 '옥천약수'는 절 이름 자체가 옥玉 같은 샘泉이라는 뜻

약천사 약천약수

의 옥천玉泉이다. 연화산에서 내려오는 산물로서 돌로 수각을 잘 만들고 비각을 세워 잘 관리되고 있다.

④ 고성 건봉사 '장군수'는 금강산 자락에서 나오는 산물로 물의 양도 풍부하고 물맛도 그 이름처럼 시원하고 활수하다. 원래 장군수는 임진왜란 때 승병장이시던 사명 대사와 관련이 있다. 사명 대사가 주석하시던 곳에는 '장군수'라는 이름이 여러 군데 있다.

⑤ 영축산 비로암 '산정약수'는 이름 그대로 영축산의 정기가 서린 산중에서 나오는 산물로서 용머리의 수각에서 나오는 물이 청정하고 맑다. 최근에 수각을 따로 정비하여 잘 관리되고 있고 물맛도 좋다.

옥천사 옥천약수

⑥ 자재암 '원효샘'은 큰 바위로 이루어진 석굴 속에서 나오는 석
간수로서 석영질의 암반층이 많아서인지 물이 맑고 시원하다.

⑦ 백양사 약사암 '영천약수'는 백양사 산내 암자인 약사암의 굴
바위(영천굴)에서 나오는 약수다. 백양사 큰절에서 30~40분 정도
산행한 뒤 한잔 마시면 몸도 마음도 건강해질 것 같은 물이다.

⑧ 고란사 '고란정 약수'는 부여 낙화암의 전설이 있는 고란사의
고란초가 자생하는 절벽 바위에서 나오는 석간수로서 약수를 마시
고 어린아이가 되었다는 할아버지의 전설이 전해 내려온다. 전설처
럼 매일 마시면 나날이 젊어질 것 같은 물이다.

⑨ 보림사 '보림약수'는 늘 일정한 수량을 유지하는데 한국자연

건봉사 장군수   자재암 원효샘 약수

백양사 약사암 영천약수

보호협회가 '한국의 명수名水'로 지정하였으며, 우리나라에서 열 손 가락 안에 드는 좋은 물로 지정된 샘물이다. 비자나무 숲에서 내려오는 물이 맑고 시원하다.

⑩ 백련사 '선방약수'는 다산 선생과 아암 혜장 선사의 아름다운 만남이 있었던 수백 년 된 동백림이 어우러진 산중에서 나오는 맑은 물이다. 이 물로 차를 우려 마신다면 다산 선생과 혜장 선사의 아름다운 다연茶緣이 동백꽃처럼 다시 피어날 것만 같다.

⑪ 우곡사 약수는 구산선문의 하나인 무염 국사가 창건한 사찰인 우곡사에서 나는 약수로 무염 국사가 발견하였는데 그 물이 연중 마르지 않고 피부병에 효험이 있다고 전해진다. 청석 암반 위에서

보림사 보림약수

백련사 선방약수

우곡사 약수

나오는 물이 연중 시원하고 맑다.

⑫ 천곡사 '소천수'는 포항 천곡사의 샘물로서 신라 시대 선덕여왕의 피부병을 치유했다는 이야기가 전해온다.

이러한 우리나라 10대 사찰약수의 '수질 특성'을 종합하여 살펴보면, 다음 표 10에 나타나듯이 pH는 6.6에서 8.0 정도로서 대부분 중성 전후인 7 전후인 것으로 나타나고, 수중에 녹아 있는 용존산소의 양도 풍부하고 유기물 오염이 없으며, 경도 물질도 비교적 적은 단물이다. 물맛 평가에서도 대부분 맛있고, 건강한 물로 확인된다.

오늘날 사찰이 정말 아름답고 소중한 이유는, 지금도 사찰에 가면 무언가 사람을 끌어들이는 요소들이 많이 남아 있기 때문이다. 그중에서도 사찰약수와 같은 소중한 자원은 오염되지 않은 수원과 함께 연중 마르지 않으며, 오늘날에도 많은 사람들이 즐기고 좋아하고 있다. 이따금 한 달에 한 번씩 여행하듯이 사찰을 둘러보고 좋은 물도 마시는 약수 기행도 나름대로 의미가 있을 것 같다. 물론 이번에 소개한 10대 약수 외에도 좋은 사찰약수들이 많이 있으며 생수보다 좋은 수질과 입지 조건, 그리고 아름다운 일화들이 있다. 일상에서 우리 주위의 약수들을 잘 알고 이를 적극 활용한다면, 건강은 물론 이를 보존해가는 역사적인 의미도 있을 것 같다.

표 10. 한국 10(12)대 사찰약수의 주요 수질 특성

약수명	pH	DO (mg/L)	과망간산칼륨 소비량(mg/L)	경도 (mg/L)	TDS (mg/L)	물맛 평가	
						O-index	K-index
먹는 물 수질 기준	4.5~9.5	–	10.0	300.0	–	2.0	5.2
① 법주사 복천암 감로수	6.9	9.0	0.0	46.0	116.3	66.4	17.3
② 약천사 약천수	7.6	8.1	0.5	48.0	69.0	5.3	6.6
③ 옥천사 옥천수	7.0	7.8	0.3	26.0	34.0	19.6	6.0
④ 건봉사 장군수	7.0	10.8	0.9	17.0	43.3	14.7	2.5
⑤ 통도사 비로암 산정약수	7.1	8.5	1.2	21.0	42.3	28.4	4.3
⑥ 자재암 원효샘	7.2	7.8	0.7	25.0	26.9	3.3	7.4
⑦ 백양사 약사암 영천굴샘	8.4	9.9	0.9	45.8	150.1	5.3	14.9
⑧ 고란사 고란정 약수	7.7	10.4	5.0	44.0	137.2	3.3	13.0
⑨ 보림사 보림 약수	6.8	8.5	0.9	9.2	15.7	16.6	1.1
⑩ 백련사 선방 약수	6.6	6.8	0.9	12.4	17.6	7.9	2.6
⑪ 우곡사 약수	8.0	10.8	0.8	40.0	121.0	7.3	11.2
⑫ 천곡사 소천수	7.4	7.9	1.8	79.0	256.2	1.5	16.5
전체 범위 (전체 평균)	6.6~8.4 (7.3)	6.8~10.8 (8.9)	0.0~5.0 (1.2)	9.2~79.0 (34.5)	15.7~256.2 (85.8)	1.5~66.4 (15.0)	1.1~17.3 (9.1)

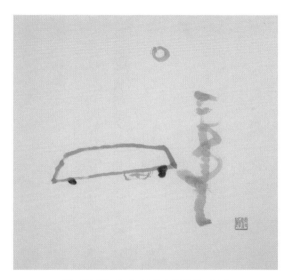

법관(法觀) 스님, 선화〈세한도〉, 2018

제4장

통도사의
사찰약수

통도사 사찰약수의 특성

영축산은 영남 알프스를 대표하는 산답게 높고 깊으며, 맑은 물이 곳곳에서 솟아 나오는 청정한 곳이다. 특히 통도사 권역의 영축산은 구룡지의 창건 설화에서 나타났듯이 곳곳에 고산습지가 있는 지역이어서 여러 곳에서 좋은 물이 나온다. 오늘날 존재하는 암자 내 많은 약수들은 산중의 지표수와 지하수, 석간수, 그리고 산중수로 흘러나오는 것이다. 통도사 약수는 전체적으로 영축산의 청정한 환경에서 함양된 물이어서 그런지 맑고 부드럽다. 무엇보다 그 어느 생수와도 견줄 수 있는 수질적 특성이 있다.

우선 통도사 약수의 수원적 특성을 살펴보면, 조사된 약수 총 32개소 중 산중수 15개소, 지하수 8개소, 계곡수 5개소, 석간수 4개소로 나타나듯이 전체의 절반 정도가 영축산중에서 우러나오는 토층수다. 이 점에서 이 약수들이 창건 당시 설화에서 볼 수 있듯이 영축산이 가지고 있는 고산습지에서 우러나오는 물임을 다시 확인해 볼 수가 있다.

또한 영축산 약수의 수질적 특성을 살펴보면, 수소이온농도^{pH}가 6.42~8.60으로 평균적으로 7.11정도로서 중성에서 약알칼리성 상태에 있으며, 물의 세기를 나타내는 경도는 2.0~61.2mg/L로 평균 20.21mg/L 정도로 매우 부드러운 단물인 것으로 나타나고 있다. 기타 광물질^{minerals} 등도 미량 존재하고, 그중에서도 피부 재생 및 노화 방지, 모발 건강에 좋은 이산화규소^{SiO_2} 성분이 7.7~32.72 mg/L로서, 평균 22.25mg/L로 다른 성분보다 서너 배 정도 높게 나타난다. 칼슘은 0.1~23.9mg/L로서 평균 6.0mg/L로 다소 낮은 편이나 다른 미네랄보다는 높게 나타나고 있다. 이 점으로 볼 때, 통도사 권역의 약수는 수질도 좋고 거의 순수에 가까운 단물로서 물맛 또한 매우 좋은 것으로 확인되었다. 이 점은 특히 실리카^{이산화규소,} ^{SiO_2} 성분이 많이 나타나는 영축산의 동쪽 능선에서 남쪽 능선으로 이어지는 통도사 권역과 언양 자수정 동굴에 이르는 많은 지역이 자수정 광맥이 흐르는 지질적 특성에 기인하는 것으로 판단된다.

결론적으로 통도사 권역 약수는 순수 상태의 청정한 단물로서 상대적으로 이산화규소 성분이 많은 편이며, 칼슘 성분 등 경도 물질도 비교적 낮은 단물로, 전체적으로 맛이 좋고 부드러우면서도 건강한 물로 확인되었다.

그동안의 조사 결과를 바탕으로 독자 여러분이 1월부터 12월까지 매월 한곳의 통도사 사찰약수를 답사할 수 있도록 '차지종가 통도명수'들을 다음의 사진을 통해 구체적으로 소개한다.

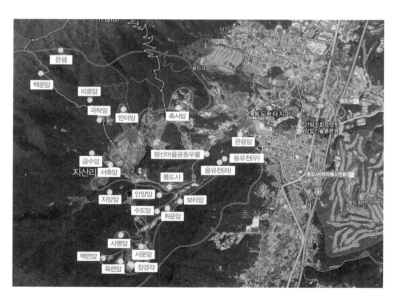

통도사 사찰약수 분포도

통도사 큰절 약수 '구룡수'

　통도사 큰절은 '불보종찰'이라는 삼보사찰의 처음에 위치하는 부처님의 진신사리를 모신 적멸보궁을 중심으로 상로전, 중로전, 하로전의 구조를 가지고 있다.

　통도사는 '불지종가 국지대찰'이라는 이름 그대로 명실상부하게 우리나라를 대표하는 사찰이다. 많은 사찰들이 산중에 있어 경사가 급한 반면에 통도사 큰절은 산중 사찰이면서도 너른 들판 같은 평지를 안고 있어 큰 종갓집 같은 분위기가 난다.

　우선 통도사는 월하 스님이 그 현판을 쓰신 '영축산문靈鷲山門'이라는 입구로부터 영축산 정상에 이르는 6백만 평 이상의 넓은 공간이 모두 통도사 소유의 사찰 보존지이다. 산문 입구부터 10~20미터 길을 따라가다 보면, 계곡 옆으로 '무풍한송'이라 불리는 소나무 길이 나타난다. 매표소 입구부터 1.1킬로미터에 이르는 무풍한송길

통도사 일주문

을 거닐다 보면, 용피바위와 용의 젖물이라 불리는 좌우의 '용유천龍乳泉' 약수 두 곳이 있어 목을 축일 수 있다. 다시 1킬로미터 정도를 걸어가면, 성보박물관과 '영축산 통도사'라 쓰인 일주문을 만나게 된다. 성보박물관을 지나자마자 한송정 옆에 연꽃 모양의 출수부에서 맑은 물줄기를 토해내는 돌로 만든 직사각형의 물확水槽을 만나 다시 물 한 모금을 마실 수 있다.

차를 운전해서 올 경우, 계곡 건너편의 제1주차장에 돌로 만든 돌 수조와 제2주차장이 있는 삼성 반월교 건너편 돌 수조, 설선당

성보박물관 옆 돌 수조

옆 돌 수조, 그리고 시탑전 앞에 항시 맑은 물이 무상으로 보시되고 있는 돌 수조를 만날 수 있다.

천왕문을 들어서면 우측에 돌 수조가 있고, 자장매를 지나 대웅전으로 가다보면 봉발탑 앞에 돌 수조가 있다. 그리고 설법전에서 공양간으로 가는 길에 돌 수조가 설치되어 신자들과 탐방객들에게 감로수 같은 청정한 물을 제공해준다. 사람들이 오가며 걷다가 잠시 쉬어갈 때쯤 되면 돌 수조가 하나씩 나타나 청정한 물로 그들이 목을 적시게끔 해준다.

구룡수 수원인 장밭들 전경

　큰절에는 절 안에 5개, 계곡 건너편에 4개로, 총 9개의 돌 수조가
있다. 돌 수조는 대부분 화강암으로 만들어져 있어 견고함과 보존
성이 좋고, 나름대로 듬직하여 많은 사찰에서 사용된다. 통도사는
기본적으로 사각으로 이루어진 돌 수조를 이용하고 있고, 물이 나
오는 곳을 연꽃이나 거북이 입 등의 모양으로 다양하게 조성하여
물을 공급하고 있다.

　큰절의 물은 변화를 여러 번 겪어왔다. 어른 스님들의 말씀에 의
하면, 통도사 큰절에서는 ① 옛날 통도사 계곡이 농사로 인해 오염
되기 전에는 계곡물을 먹었다고 한다. 그러다가 농사를 지으면서
상류가 오염되자, ② 정변전 뒤쪽에 물탱크를 설치하여 먹었고 나
중에는 ③ 안양암에 물탱크를 묻고 관으로 연결하여 먹다가 최근에
는 ④ 극락암을 오르는 좌측 편에 위치한 장밭들의 지하수를 개발
하여 안정적으로 물을 공급하고 있다. 오늘날 사용하는 통도사 큰

절의 원수源水는 장밭들에서 나오는 지하수를 끌어다 사용하는 것이다. 장밭들은 그 너른 품만큼 영축산 수백만 평에서 떨어지는 빗물들을 잘 가둘 수 있는 천혜의 수자원의 보물창고다. 그만큼 수량도 풍부하고 수질 또한 매우 좋다. 창건 당시 설화에 나타나듯이, 구룡이 살던 곳이기에 물의 양도 풍부하고 수질도 좋다. 마침 개산대제를 준비하고 계시는 당시 통도사 총무 도문 스님께 약수 이름에 대해 여쭈어보았더니, 창건 당시 구룡九龍의 정기를 담은 물이라는 의미로 '구룡수九龍水'라 하면 좋을 것 같다고 하셨다. 천년의 역사와 전설을 간직한 약수인 것 같아 더욱 마음에 와닿았다.

장밭들에서 끌어올린 물은 관을 통해 큰절로 오게 되고, 장밭들 지하수의 수질은 영축산 권역에 내린 빗물이 땅속에 스며들어, 일부는 토양층을 통해 걸러지고 땅속의 일부 성분들은 물로 용출되어

큰절 관음전 옆 수조

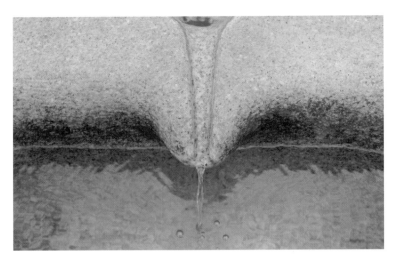

구룡수 돌 수조 약수

통도사만의 독특한 물맛과 수질을 나타나게 된다. 통도사 큰절 약
수인 구룡수의 수질은 한마디로 참 좋다.

통도사 큰절 약수의 수질적 특성을 표 11~15에서 살펴보면, 수
소이온농도pH 7.7로서 중성 상태인 7.0보다 다소 높아 약알칼리 상
태다. 물의 세기를 나타내는 경도는 57.0mg/L로서 영축산 지역의
평균 농도인 20.21mg/L보다 두 배 이상으로 높지만, 단물 기준인
75mg/L보다 낮은 단물이다.

경도가 다소 높은 만큼 기타 미네랄 성분 등도 산내 다른 암자들
보다 높게 나타나고 있고, 그중에서도 피부 재생과 노화 방지, 모발
건강에 좋은 이산화규소 성분이 31.23mg/L 정도로서 두세 배 정도

높게 나타난다. 그리고 칼슘도 18.3mg/L로서 상대적으로 높다.

큰절에서 소임을 보는 국장 스님들의 말에 의하면, 평소 구룡수를 끓이는 전기포트에 하얀 이물질이 낀다고 하는데 이것은 산중의 암자보다 더 많이 끼는 것이지만, 장기간 사용할 경우 대부분의 생수나 수돗물도 그런 현상이 나타나기 때문에 큰 문제는 아니라고 본다. 그것은 수중에 포함되어 있는 무기물(경도 물질과 규산 성분) 등이 침출되기 때문이다. 그렇다고 큰절 물이 나쁘다고 오해해서는 안 된다. 왜냐하면 이 정도의 경도 농도는 우리나라 대부분의 산중 물이나 수돗물에서 나타나는 정도이고, 과학적으로 봐도 이 정도의 경도는 단물로 판정되기 때문이다. 참고로 프리미엄 생수로 유명한 외국산 생수인 에비앙Evian의 경도는 323.0mg/L나 된다. 에비앙에 비한다면 통도사 큰절의 경도는 5분의 1 정도로 매우 낮다. 또 다른 측면에서 보면 경도 등 광물질 성분이 많으면 건강에 좋거나 물맛이 더 좋은 경우가 많다.

1980년대 이후 수중의 광물질 성분 등을 분석한 물맛 평가 등이 다양하게 적용되고 있다. 통도사 큰절 약수인 구룡수는 물맛 평가에서, 맛있는 물 지수인 'O Index'는 9.13이고 건강한 물 지수인 'K Index'는 13.43으로서 물맛도 좋고 건강한 물로 판명되었다.

전체적으로 통도사 권역의 각 암자의 물도 맑고 깨끗하지만, 통도사 큰절의 구룡수는 수질과 물맛이 좋고, 건강한 물인 것으로 확인되고 있다.

오늘 우리가 큰절의 구룡수를 마실 수 있다는 것이야말로 또 다른 천년의 신비와 구룡의 정기를 체험하는 소중한 기회다. 그래서인지 물맛이 더욱 신비롭고 감미로운 것 같다.

표 11. 통도사 큰절 약수(구룡수)의 현장 수질 분석 결과

약수명	온도(℃)	pH	DO (mg/L)	탁도 (NTU)	전기전도도 (μS/cm)	TDS (mg/L)
먹는 물 수질 기준	–	4.5~9.5	–	–	–	–
통도사 큰절 약수(구룡수)	22.20	7.77	6.60	0.07	213.65	146.58

표 12. 통도사 큰절 약수(구룡수)의 수질 분석 결과(심미적 영향물질 1)

약수명	심미적 영향물질에 관한 기준				
	경도 (mg/L)	과망간산칼륨 소비량 (mg/L)	냄새	맛	구리 (mg/L)
먹는 물 수질 기준	300mg/L	10mg/L	냄새가 없을 것	맛이 없을 것	1mg/L
통도사 큰절 약수(구룡수)	57.0	1.6	없음	없음	불검출

표 13. 통도사 큰절 약수(구룡수)의 수질 분석 결과(심미적 영향물질 2)

약수명	심미적 영향물질에 관한 기준					
	증발잔류물 (mg/L)	철 (mg/L)	망간 (mg/L)	탁도 (NTU)	황산이온 (mg/L)	알루미늄 (mg/L)
먹는 물 수질 기준	500mg/L	0.3mg/L	0.3mg/L	0.5NTU	200mg/L	0.2mg/L
통도사 큰절 약수(구룡수)	125.0	불검출	불검출	0.07	3.0	불검출

표 14. 통도사 큰절 약수(구룡수)의 수질 분석 결과(물맛 기준)

| 약수명 | 물맛 기준 | | | | | 총유기탄소 (TOC) (mg/L) |
	나트륨이온 (Na) (mg/L)	칼슘이온 (Ca) (mg/L)	마그네슘이온 (Mg) (mg/L)	칼륨이온 (K) (mg/L)	이산화규소 (SiO₂) (mg/L)	
통도사 큰절 약수(구룡수)	5.6	18.3	2.5	0.7	31.23	1.73

표 15. 통도사 큰절 약수(구룡수)의 물맛 평가

약수명	O Index(맛있는 물)	K Index(건강한 물)	비고
물맛 기준	2 이상	5.2 이상	–
통도사 큰절 약수(구룡수)	9.13	13.43	맛있고 건강한 물

통도사
용유천

'용유천龍乳泉'은 통도사 산문 입구에서 1킬로미터 정도 걸으면 있는 노천정老天亭이라는 정자 근처에서 나오는 두 줄기 샘물이다. 좌 용유천은 정자 바로 옆에 붙어 있고, 우 용유천은 무풍한송로 길가에서 옛날 경주로 가는 길가에 위치하고 있다. 용유천은 말 그대로 '용의 젖 같은 샘물'로서 잘 알다시피 통도사 창건 설화에 나타난 구룡 이야기를 바탕으로 방장이신 성파 큰스님께서 이름 지으셨다.

용유천은 구룡지의 전설과 함께 통도사의 입지적 특성을 살펴볼

통도사 무풍한송길

수 있는 중요한 의미가 있다. 서운암에서 오룡골로 이어지는 산 능
선과 구룡지에서 용유천의 용피바위가 있는 산 능선이 두 마리의
용이 여의주를 가지고 노는 형상으로 매우 좋은 길지라는 것이다.
통도사의 입지적 특성을 알 수가 있고, 통도사가 국지대찰로서 불
지종가인 이유를 잘 보여준다.

　지금은 사람들이 대부분 차를 타고 와서 제1주차장과 제2주차
장에 주차를 하고 사찰로 들어가기 때문에 자주 이용할 수는 없지
만, 산문에서 무풍한송길을 따라 걸어서 100여 미터 가다 보면 오
른쪽에 용피바위가 보인다. 몇 년 전에는 석비도 없어서 용피바위
를 스쳐갈 수도 있었지만, 지금은 전 주지셨던 원산 스님께서 큰 돌

용유천 전경(노천정 바로 옆이 '좌 용유천'. 오른쪽 끝에 있는 약수가 '우 용유천' 이다)

로 '용피바위龍血岩'라 새겨놓은 이정표가 있어 쉽게 알아볼 수가 있다. 용이 흘렸다는 피 때문에 검붉게 보이는 큰 바위가 바로 용피바위다.

그곳에서 다시 솔밭길을 걸어 800여 미터를 가다 보면, 노천정 옆으로 옛날 경주로 가는 사잇길이 보이고 작은 약수터 두 곳이 있다. 돌 수조의 두꺼비 모양으로 된 토출구에서 나오는 약수가 바로 '우 용유천右龍乳泉'이고, 정자 옆 작고 둥근 돌 수곽 위로 파이프를 통해 떨어지는 물이 '좌 용유천左龍乳泉'이다.

통도사에 오래 사신 어른 스님들에 의하면, 용유천은 창건 당시

좌 용유천

우 용유천

부터 지금까지 이용해온 물로 추측되기에 그 역사성과 가치가 더욱 중요하다. 적어도 창건 당시부터 천 년 이상 이어져온 물이라면, 그 가치는 존중되어야 하고 후손으로서 잘 관리하여 보존시켜가야 할 책임이 있다고 생각된다.

오랫동안 사찰 환경과 약수를 조사해온 결과, 우리는 소중한 약수를 외면하였고 잃어버린 것들도 많다. 옛 문헌에 나오는 부석사의 우물과 기림사의 오종수 등이 잘못된 불사와 관리 부실로 사라지거나 사용할 수 없게 된 것이 대표적인 예다. 통도사 권역의 샘물은 대부분 그대로 사용하고 있지만, 인근 평산 마을과 지산 마을의 공동우물들은 이미 개발되어 복개되거나 오염되어 사용하기가 어려운 실정이다.

그러나 통도사 '용유천'은 창건 당시의 설화를 그대로 전해주는 천년의 약수이고, 지금까지도 잘 보존되어 있어 현재도 이용할 수 있기에 우리는 더욱 잘 지켜가며 활용해야 한다.

2017년 초에 통도사 방장이신 성파 큰스님과 율원장이신 덕문 스님과 함께 사적기에 나타난 '다소촌'과 '다천'을 답사한 적이 있다. 그때 옛 경주로 가는 길과 그 옆에 있는 용유천 물을 마셔보며 물맛이 아주 좋다는 것을 알았고, 2017년 7월 용유천 물을 취수하여 과학적인 수질 특성을 조사해보았다.

용유천의 수질 분석 결과는 표 16~20과 같다. 좌 · 우 용유천의 수질은 환경 지질학적 특성상 비슷한 것으로 나타났다. 물이 산성

인지 알칼리성인지를 결정하는 수소이온 농도^{pH}는 중성 상태인 7.0
보다 약간 낮은 6.49와 6.42이고, 수중에 녹아 있는 용존산소^{DO}의
양도 8.45와 7.86mg/L로서 비교적 많이 녹아 있다. 물속에 녹아 있
는 용존 고형물^{TDS}, 탁도, 그리고 다른 이물질도 매우 적게 포함되
어 있는 맑은 물이며, 기타 농약 같은 인공화합물이나 중금속 등 유
해물질이 검출되지 않는 청정한 물이다. 수중에 다른 이물질들이
풍부하지 않음에도 물맛을 평가해보면, 맛있는 물을 나타내는 'O
Index'가 99.16과 97.78로서 매우 맛있는 물로 판명되었다. 물맛을
저해하는 황산이온과 염소이온 등은 거의 존재하지 않거나 아주 극
미량만 존재하고, 물맛이 좋은 이산화규소 성분 등이 상대적으로
많아서 미네랄이 풍부하지 않으면서도 물맛은 매우 좋은 것으로
확인되었다.

통도사 산문을 통과해서 1킬로미터 정도를 걸으면 대개 목이 마
르고, 그때 그야말로 청정한 감로수 같은 용유천 물을 마시면 청정
도량淸淨道場의 생명수生命水임을 확인할 수가 있다.

요컨대 용유천의 수질 특성과 물맛을 통해 살펴봐도 "명산에 명
수가 있다"라고 하듯이, 청정도량에는 청정수淸淨水가 있음을 알 수
있다. 이것이 바로 '차지종가 통도사'임을 다시금 음미하게 된다.

표 16. 통도사 용유천의 현장 수질 분석 결과

약수명	온도(℃)	pH	DO (mg/L)	탁도 (NTU)	전기전도도 (μS/cm)	TDS (mg/L)
먹는 물 수질 기준	–	4.5~9.5	–	–	–	–
용유천(좌)	16.10	6.49	8.45	0.76	46.85	36.73
용유천(우)	16.25	6.42	7.86	0.75	45.90	35.75

표 17. 통도사 용유천의 수질 분석 결과(심미적 영향물질 1)

약수명	심미적 영향물질에 관한 기준				
	경도 (mg/L)	과망간산칼륨 소비량(mg/L)	냄새	맛	구리 (mg/L)
먹는 물 수질 기준	300mg/L	10mg/L	냄새가 없을 것	맛이 없을 것	1mg/L
용유천(좌)	10.0	1.5	없음	없음	불검출
용유천(우)	8.0	1.1	없음	없음	불검출

표 18. 통도사 용유천의 수질 분석 결과(심미적 영향물질 2)

약수명	심미적 영향물질에 관한 기준					
	증발잔류물 (mg/L)	철 (mg/L)	망간 (mg/L)	탁도 (NTU)	황산이온 (mg/L)	알루미늄 (mg/L)
먹는 물 수질 기준	500mg/L	0.3mg/L	0.3mg/L	0.5NTU	200mg/L	0.2mg/L
용유천(좌)	18.0	불검출	불검출	0.76	불검출	0.06
용유천(우)	17.0	불검출	불검출	0.75	불검출	0.07

표 19. 통도사 용유천의 수질 분석 결과(물맛 기준)

약수명	물맛 기준					총유기탄소 (TOC) (mg/L)
	나트륨이온 (Na) (mg/L)	칼슘이온 (Ca) (mg/L)	마그네슘이온 (Mg) (mg/L)	칼륨이온 (K) (mg/L)	이산화규소 (SiO2) (mg/L)	
용유천(좌)	2.3	1.9	0.3	0.9	26.95	1.49
용유천(우)	2.3	1.8	0.3	0.8	26.74	0.71

표 20. 통도사 용유천의 물맛 평가

약수명	O Index(맛있는 물)	K Index(건강한 물)	비고
물맛 기준	2 이상	5.2 이상	–
용유천(좌)	99.16	−0.10	맛있는 물
용유천(우)	97.78	−0.20	맛있는 물

통도사 암자의 약수

백운암
'좌우룡수'

영축산을 바라보면 항시 그 넉넉한 품과 당당한 기상이 있어 좋다. 영축산 깊은 곳, 그리고 가장 높은 곳에 있는 암자가 백운암白雲菴이다. 마치 백운白雲이 떠도는 곳에 세워진 것 같은 암자여서 백운암이라 부르는 것 같다. 극락암을 지나 길옆 주차장에 차를 세우고 가볍게 오르다가, 생각보다 훨씬 힘든 길을 거쳐야 오를 수 있는 높은 곳에 자리한 암자임을 알게 된다. 두어 번 쉬고 땀을 흠뻑 흘린 뒤에야 백운암 입구가 보였는데, 암자 입구에 있는 약수 한 바가지를 퍼 마시니 물이 참 시원하고 달았다. 그야말로 '고진감래苦盡甘來'라 힘들게 이룬 일이 더 달다고, 물맛 또한 그지없이 좋았다. 마치 영

백운암 용왕각

축산의 흰 구름白雲이 만든 물인 것만 같고, 구름 위를 떠돌던 두 마리 용이 구름을 마시고 약수로 토해내는 것 같다.

백운암에는 우룡수右龍水, 좌룡수左龍水, 용왕수龍王水(맥반석 처리)가 있다. 용왕각의 용왕수는 작은 수조를 만들어 떠 마실 수 있게 했고, 우룡수는 요사채 안쪽에 위치하여 스님께서 사용하고 계시고, 입구의 좌룡수는 수도꼭지를 만들어 누구나 쉽게 물을 틀어 마실 수 있게 해놓았다. 또한 백운암 뒤 영축산 깊은 산중에는 '금샘'과 '은샘'이 있다. 내원암 주지이신 진응 스님에 의하면, 금샘은 햇빛이 비치는 곳으로 남자 물이고, 은샘은 달빛이 비치는 곳으로 여자 물이라 한다.

마침 가는 날이 장날이라고, 시탑 전에 계시던 태봉 스님께서 올라오셔서 백운암 물에 대해 이야기를 나눌 수 있었고, 백운암의 세 곳 약수의 이름을 정했다. 가운데 '용왕수'를 기준으로 요사채에 있는 물을 '우룡수', 백운암 올라오는 입구에 있는 약수를 '좌룡수'로 하기로 했다. 좌우 쌍룡이 용왕수를 옹립하는 것 같기도 하고, 구름 덮인 깊은 산중의 분위기를 듬뿍 느끼게 해주어서 더욱 좋았다.

마침 기도 중인 범중 스님을 뵈었더니, 새벽 기도 끝나고 바라보는 백운암 경치가 참 좋다고 하신다. 아마도 통도사 암자 중 가장 높은 곳에 위치해서인지 전망이 참 시원하다. 백운암 구름 사이에서 차를 마시니 분위기도 더 좋고, 물맛도 차 맛도 더욱 좋은 것 같

백운암 좌룡수(왼쪽)와 우룡수(오른쪽)

은샘

다. 다만 차를 타고 쉽게 갈 수 있는 다른 암자들에 비해 백운암 약
수를 맛보기 위해서는 한 시간 정도의 산행을 해야 하는 점이 특기
할 만하다. 백운암 약수의 수질 또한 매우 좋다. 수질을 말하기에
앞서 산중 깊은 곳의 암자에서 바로 떠서 마시는 물맛은 자연 그대
로의 빗물 같은 순수한 맛이고, 더없이 청량하고 감미로웠다.

　백운암 약수의 기본적인 수질은 표 21~25와 같다. 백운암 좌 ·
우룡수의 pH는 좌룡수가 8.6, 우룡수가 7.46으로서 약알칼리성
을 나타내고 있다. 총 고형물은 좌룡수가 35.1mg/L, 우룡수가
25.68mg/L로 많지 않으며, 경도 또한 좌룡수가 13.0mg/L, 우룡수

가 9.0mg/L로 매우 연한 단물이며, 전체적으로 이물질의 유입이 거의 없는 순수 상태의 물과 비슷했다. 기타 유기물 오염이나 농약, 그리고 중금속 등 오염물질도 없는 깨끗한 약수였다. 이 점은 산의 윗부분에 위치하여 오염물질이 유입되지 않은 영향으로 판단된다.

물맛을 나타내는 'O Index'는 좌룡수가 4.51, 우룡수가 2.92, 건강한 물을 나타내는 'K Index'는 좌룡수가 2.2, 우룡수가 1.2로서 두 약수 모두 물맛이 좋은 물이었다.

영축산 깊은 곳에 위치한 백운암은 항시 구름이 떠도는 곳이다. 그러기에 그곳을 흐르는 물은 용이 토해내는 산의 정기일 것 같다. 백운암의 좌·우룡수를 마시며 항시 흰 구름 같은 백운의 맑은 기운이 온 천지에 가득하기를 고대한다.

표 21. 백운암 약수의 현장 수질 분석 결과

약수명	온도(℃)	pH	DO (mg/L)	탁도 (NTU)	전기전도도 (μS/cm)	TDS (mg/L)
먹는 물 수질 기준	–	4.5~9.5	–	–	–	–
백운암 좌룡수	18.90	8.60	7.41	0.26	48.10	35.10
백운암 용왕수	18.40	7.22	7.86	0.15	35.75	26.65
백운암 우룡수	17.75	7.46	8.10	0.12	34.05	25.68
은샘	15.35	7.63	6.34	0.35	39.65	31.53

표 22. 백운암 약수의 수질 분석 결과(심미적 영향물질 1)

약수명	심미적 영향물질에 관한 기준				
	경도 (mg/L)	과망간산칼륨 소비량(mg/L)	냄새	맛	구리 (mg/L)
먹는 물 수질 기준	300mg/L	10mg/L	냄새가 없을 것	맛이 없을 것	1mg/L
백운암 좌룡수	13.0	2.3	없음	없음	불검출
백운암 용왕수	12.0	2.2	없음	없음	불검출
백운암 우룡수	9.0	1.6	없음	없음	불검출
은샘	9.0	1.4	없음	없음	불검출

표 23. 백운암 약수의 수질 분석 결과(심미적 영향물질 2)

약수명	심미적 영향물질에 관한 기준					
	증발잔류물 (mg/L)	철 (mg/L)	망간 (mg/L)	탁도 (NTU)	황산이온 (mg/L)	알루미늄 (mg/L)
먹는 물 수질 기준	500mg/L	0.3mg/L	0.3mg/L	0.5NTU	200mg/L	0.2mg/L
백운암 좌룡수	36.0	불검출	불검출	0.26	2.0	0.03
백운암 용왕수	26.0	불검출	불검출	0.15	3.0	불검출
백운암 우룡수	22.0	불검출	불검출	0.12	3.0	불검출
은샘	34.0	불검출	불검출	0.35	4.0	0.02

표 24. 백운암 약수의 수질 분석 결과(물맛 기준)

약수명	물맛 기준					총유기탄소 (TOC) (mg/L)
	나트륨이온 (Na) (mg/L)	칼슘이온 (Ca) (mg/L)	마그네슘이온 (Mg) (mg/L)	칼륨이온 (K) (mg/L)	이산화규소 (SiO_2) (mg/L)	
백운암 좌룡수	0.8	2.9	0.7	0.3	8.98	2.27
백운암 용왕수	0.8	2.2	0.5	0.2	7.70	2.65

백운암 우룡수	0.8	1.9	0.4	0.1	7.91	1.74
은샘	1.2	2.5	0.3	0.2	18.18	1.31

표 25. 백운암 약수의 물맛 평가

약수명	O Index(맛있는 물)	K Index(건강한 물)	비고
물맛 기준	2 이상	5.2 이상	–
백운암 좌룡수	4.51	2.20	맛있는 물
백운암 용왕수	2.89	1.50	맛있는 물
백운암 우룡수	2.92	1.20	맛있는 물
은샘	4.86	1.46	맛있는 물

비로암
'산정약수'

통도사 비로암은 청정법신 비로자나불의 청정한 몸처럼 승용차를 타고 갈 수 있는 가장 높은 곳에 위치하고 있다. 산문 입구에서 5.5킬로미터 정도 떨어져 있어 차로는 10~20분 정도 걸리지만, 영축산 깊은 곳에 위치하여 나름대로 청정한 도량으로서의 품격이 느껴지는 곳이다.

지금은 이곳에 전 통도사 방장이신 원명圓明 큰스님이 주석하고 계신다. 무엇보다 비로암은 청정한 기운과 전망이 좋다. 예로부터 산의 봉우리 중 으뜸 봉우리를 비로봉이라 했듯이 암자 중의 으뜸이라는 생각이 들 정도로 청정한 기운이 가득한 곳이다.

영축산은 산세도 좋고 경계도 넓다. 비로암은 영축산을 뒤로 하고, 앞산의 전망 또한 참 좋다. 다실 현판에 쓰인 '산을 바라보고 물소리를 듣는다'라는 '관산청수觀山聽水'를 직접 경험할 수 있는 곳이기도 하다. 곳곳에 경봉 큰스님의 현판과 주련들이 걸려 있는데 열반하신 지 몇 십 년이 지났지만 큰스님의 법력을 느낄 수 있는 글씨가 곳곳에 남아 있어 지금도 많은 가르침을 주시는 것 같다.

비로암 산정약수

비로암의 약수는 원명 큰스님께서 1970년대 말 도량을 정비하면서 법당 뒤편의 산중에서 나오는 토층수를 발견하시고, 몇 번의 중수 과정을 거쳐서 현재와 같은 수각을 세우고 정리하였다고 한다. 약수 이름을 여쭈자 그냥 '산정약수山精藥水'라 부르기로 하였고, 경봉 큰스님께서 쓰신 산정약수라는 석비를 세웠다고 한다. 은사 스님을 존경하는 큰스님의 마음을 엿볼 수가 있었는데, 그 또한 아름다운 모습인 것 같아 저절로 두 손이 모아졌다.

비로암 약수는 네 종류가 있다. 하나는 앞서 서술한 산정약수와 그 옆의 산중약수, 그리고 비로암 가는 길의 좌측에 흐르는 계곡 상류부의 물을 가져다 사용하는 계곡물, 그리고 지난 해는 가물어서 주차장 아래에 지하수 관정을 파서 이용하고 있다.

최근에 산정약수는 보수 공사를 통해 수각을 세우고, 석불상을 모시고 석물로 만든 용의 입에서 물이 나오도록 잘 정비하였다. 영축산중의 정기가 용의 입에서 나오니 신령스럽기도 하고, 비록 수량이 적은 것이 안타깝지만 그 맛 또한 일품이다. 수각 옆 석비에는 앞면에는 '산정약수山精藥水', 뒷면에는 '수류화개水流花開'라는 경봉 큰스님의 글씨가 깊이를 더해준다. 석비에 쓰인 글은 다음과 같다.

이 약수는 영축산의 산 정기로 된 약수다.
나쁜 마음을 버리고, 청정한 마음으로 먹어야 모든 병이 낫는다.

산정약수 석비에 쓰인 경봉 큰스님의 말씀

물에 배울 일

사람과 만물을 살려주는 것은 물이다.

갈 길을 찾아 쉬지 않고 나아가는 것은 물이다.

어려운 굽이를 만날수록 더욱 힘을 버는 것은 물이다.

맑고 깨끗하며, 모든 더러움을 씻어주는 것은 물이다.

넓고 깊은 바다를 이루어 많은 고기와 식물을 살리고 되돌아 이슬 비…….

사람도 이 물과 같이 우주 만물에 이익을 주어야 한다.

비로암 산정약수 전경

靈鷲山深雲影冷 洛東江闊水光靑 咄

영축산이 깊으니 구름 그림자가 차갑고
낙동강 물이 넓으니 물빛이 푸르도다.
미소할 뿐.

경봉 큰스님의 가르침이 산정약수와 석비를 통해 지금까지 전해
지는 것 같다. 그만큼 맑고 신령스러운 산의 정기를 마시는 것이 바
로 '비로암 산정약수'다.

비로암 산정약수의 기본적인 수질은 표 26~30과 같다. 산정약수의 pH는 7.09로서 중성이다. 또한 수중의 용존산소는 8.53mg/L로 적당하며 총 고형물도 42.25mg/L로 적은 편이고, 경도도 21.0mg/L 정도로서 단물로 비교적 순수한 상태다. 기타 유기물 오염이나 농약, 그리고 중금속 등 다른 오염 물질들도 없는 깨끗한 청정한 약수다.

물맛을 나타내는 'O Index'는 28.40, 건강한 물을 나타내는 'K Index'는 4.27로 특히 물맛이 매우 좋은 물이었다.

오늘도 비로암에는 청정한 정기가 샘물처럼 샘솟을 것이며, 그 물을 마시면 몸도 맘도 깨끗해지고 주위도 청정해질 것 같다. 산의 정기를 마시듯 비로암 산정약수를 마시고, 온 세상이 더불어 청정해지기를 바라게 되는 진정한 약수다.

표 26. 비로암 약수의 현장 수질 분석 결과

약수명	온도(℃)	pH	DO (mg/L)	탁도 (NTU)	전기전도도 (μS/cm)	TDS (mg/L)
먹는 물 수질 기준	-	4.5~9.5	-	-	-	-
비로암 산정약수	18.55	7.09	8.53	0.07	56.98	42.25

표 27. 비로암 약수의 수질 분석 결과(심미적 영향물질 1)

약수명	심미적 영향물질에 관한 기준				
	경도 (mg/L)	과망간산칼륨 소비량(mg/L)	냄새	맛	구리 (mg/L)
먹는 물 수질 기준	300mg/L	10mg/L	냄새가 없을 것	맛이 없을 것	1mg/L
비로암 산정약수	21.0	1.2	없음	없음	불검출

표 28. 비로암 약수의 수질 분석 결과(심미적 영향물질 2)

약수명	심미적 영향물질에 관한 기준					
	증발잔류물 (mg/L)	철 (mg/L)	망간 (mg/L)	탁도 (NTU)	황산이온 (mg/L)	알루미늄 (mg/L)
먹는 물 수질 기준	500mg/L	0.3mg/L	0.3mg/L	0.5NTU	200mg/L	0.2mg/L
비로암 산정약수	30.0	불검출	불검출	0.07	불검출	불검출

표 29. 비로암 약수의 수질 분석 결과(물맛 기준)

약수명	물맛 기준					총유기탄소 (TOC) (mg/L)
	나트륨이온 (Na) (mg/L)	칼슘이온 (Ca) (mg/L)	마그네슘이온 (Mg) (mg/L)	칼륨이온 (K) (mg/L)	이산화규소 (SiO₂) (mg/L)	
비로암 산정약수	1.3	5.4	1.1	0.6	25.24	1.04

표 30. 비로암 약수의 물맛 평가

약수명	O Index(맛있는 물)	K Index(건강한 물)	비고
물맛 기준	2 이상	5.2 이상	–
비로암 산정약수	28.40	4.27	맛있는 물

극락암
'산정약수'

　고속도로를 타고 통도사를 지날 적마다 옆으로 보이는 영축산의 모습이 경봉 큰스님께서 직접 그리신 자화상 같다는 생각을 한다. 골격만 남아 있는 큰 산의 경개가 곧 큰스님의 모습으로 겹쳐진다. 비록 큰스님을 직접 뵙지는 못했지만, 큰스님의 덕화가 아직까지도 남아 있음을 느낀다.

　지금도 산문에서 5킬로미터 정도 올라 극락암極樂菴에 가면 참으로 맑고 청정한 도량이라는 생각이 들면서, 극락암에 주석하시면서 후학들을 지도하시고 큰 덕화를 베푸신 경봉 큰스님 생각이 저절로 난다. 극락암에 계시면서 경봉 스님을 마지막까지 모셨던 명정明正

극락암 삼소굴 전경(경봉 큰스님 주석처)

극락암 원광재 마루의 의자

스님 또한 그러실 것이다.

몇 년 전 극락암에서 명정 스님을 뵙고 경봉 큰스님이 남기신 선서화禪書畵를 직접 보면서 오랜만에 극락암의 진한 차를 나누고 온 적이 있었다. 그때 큰스님의 묵적들을 하나하나 살펴보시던 명정 스님에게서 마치 큰스님이 눈앞에 계신 것 같은 경건함이 느껴졌다. 어쩌면 원광재 툇마루에 놓여 있는 빈 의자에 큰스님이 오셔서 앉아 계실 것도 같은 생각이 들었다.

극락암 가는 길은 그 자체로도 아름답다. 큰절과 연밭을 지나 장밭들을 거쳐 가다 보면 오래된 소나무들이 나타나고, 소나무 길을

극락암 산정약수 전경

지나고 오르다 보면 극락암이 나타난다. 극락암은 영축산 중턱의
한 중심에서 세상을 바라보는 것처럼 우뚝 서 있다. 극락에 어떻게
왔느냐는 큰스님의 물음처럼, 극락암은 그 자체로 극락極樂인 것
같다.

『정토삼부경』에 '팔공덕수八功德水'에 대한 이야기가 나온다. 말 그
대로 팔공덕수란 극락세계에 있는 이상적인 물로서 좋은 물이 가
져야 할 여덟 가지 덕목인 수팔덕水八德, 즉 가볍고輕, 맑고淸, 차고冷,
부드럽고軟, 맛있고美, 냄새가 없고不臭, 마시기 적당하고調適, 마신 뒤
탈이 없는無患 물을 말한다.

극락암 산정약수는 경봉 큰스님께서 주석하실 때 직접 작명하셨고, 그 물로 차를 달여 마셨다고 한다. 지금의 산정약수는 아래 주차장의 지하수를 끌어올려 사용하고 있지만, 영축산 줄기의 수맥을 그대로 받아서인지 물맛도 좋고 미네랄도 풍부하며, 수질적으로도 매우 깨끗한 물이다.

극락암 산정약수의 수질은 다음 표 31~35에서 보듯이 물의 산성 여부를 나타내는 pH가 7.4로서 대체로 중성이며, 용존산소도 7.6mg/L로 적당하고, 수중의 유기물과 탁도도 매우 낮은 것으로 나타나고 있다. 산중의 물이기에 농약이나 중금속 등의 오염물질도 없는 청정한 물이다. 경도는 57.0mg/L로서 단물이고, 증발잔류물도 82.0mg/L로서 여러 미네랄 성분을 포함하고 있다.

또한 맛있는 물과 건강한 물을 나타내는 'O Index'와 'K Index' 값이 산정약수답게 각각 15.04와 14.27로서 매우 맛있고 건강한 물이었다.

삼소굴三笑窟이라는 이름 그대로 극락암에 가면 언제든 경봉 큰스님께서 산과 같이 벌떡 일어나 큰 웃음소리를 터트릴 것 같다. 경봉 큰스님의 드넓은 선풍이 다시 일어나기를 바라는 마음으로, 산정약수로 우려낸 명정 스님의 진한 선차禪茶를 맛보게 되면 맑고 푸른 극락암의 청정한 기운이 온 누리에 가득할 것 같다.

표 31. 극락암 산정약수의 현장 수질 분석 결과

약수명	온도(℃)	pH	DO (mg/L)	탁도 (NTU)	전기전도도 (μS/cm)	TDS (mg/L)
먹는 물 수질 기준	–	4.5~9.5	–	–	–	–
극락암 산정약수	22.00	7.40	7.62	0.06	141.85	97.75

표 32. 극락암 산정약수의 수질 분석 결과(심미적 영향물질 1)

약수명	심미적 영향물질에 관한 기준				
	경도 (mg/L)	과망간산칼륨 소비량(mg/L)	냄새	맛	구리 (mg/L)
먹는 물 수질 기준	300mg/L	10mg/L	냄새가 없을 것	맛이 없을 것	1mg/L
극락암 산정약수	57.0	1.3	없음	없음	불검출

표 33. 극락암 산정약수의 수질 분석 결과(심미적 영향물질 2)

약수명	심미적 영향물질에 관한 기준					
	증발잔류물 (mg/L)	철 (mg/L)	망간 (mg/L)	탁도 (NTU)	황산이온 (mg/L)	알루미늄 (mg/L)
먹는 물 수질 기준	500mg/L	0.3mg/L	0.3mg/L	0.5NTU	200mg/L	0.2mg/L
극락암 산정약수	82.0	불검출	불검출	0.06	불검출	불검출

표 34. 극락암 산정약수의 수질 분석 결과(물맛 기준)

약수명	물맛 기준					총유기탄소 (TOC) (mg/L)
	나트륨이온 (Na) (mg/L)	칼슘이온 (Ca) (mg/L)	마그네슘이온 (Mg) (mg/L)	칼륨이온 (K) (mg/L)	이산화규소 (SiO_2) (mg/L)	
극락암 산정약수	2.1	16.1	3.3	0.8	32.72	1.08

표 35. 극락암 산정약수의 물맛 평가

약수명	O Index(맛있는 물)	K Index(건강한 물)	비고
물맛 기준	2 이상	5.2 이상	–
극락암 산정약수	15.04	14.27	맛있고 건강한 물

반야암
'반야수'

"뜻 있는 곳에 길이 있다"고, 옛 절터였던 땅에 좋은 인연이 닿아서 1999년 반야암般若庵이 들어섰다. 그때 허드렛물은 계곡물을 끌

반야암

어다 사용했고, 80자 지하수를 파서 음용수로 사용했다고 한다. 그 후 언제든 반야암에 가면, 지안 스님의 지혜의 말씀 같은 지혜의 물般若水을 만날 수가 있다. 바로 우리 앞에 롤 모델이 되는 스님을 직접 뵙고 지혜로운 말씀을 듣고 청정한 약수를 가득 마시고 올 수 있기 때문이다.

2012년 6월경 서울 코엑스에서 열린 세계 차 박람회에 중국의 보이차 종신 대사(우리나라의 인간문화재)인 추병량 대사 일행이 방문한 적이 있었다. 그때 대사 일행은 통도사를 방문하고 지안 스님의 허락하에 반야암에서 하루를 묵고 갔다. 형식적인 문화재로서가 아니라 살아 있는 문화재로서 직접 절에서 하루를 지내며, 한국 산사의 깊은 맛을 느끼고 간 것이다. 당시 행사 준비를 위해 지안 스님을 몇 번 뵌 적이 있었는데, 평생 경전을 공부하신 분에게서 전해지는 편안함을 느끼면서 지혜로운 말씀들을 들을 수 있었다.

지안 스님은 4시 전에 일어나 요가를 하고, 5시에 인터넷 카페(다음 카페 '반야암 지안 스님'http://m.cafe.daum.net/zee-an/_rec)에 매일 부처님 말씀을 올리는 신시대인이기도 하다. 몸소 하루 4시간을 자면서 학인 스님들에게 적게 먹고 적게 입고 적게 자는 것이 수행이고, 그것이 탐貪 · 진瞋 · 치癡 삼독三毒을 없애는 것이라고 가르치신다. 불교는 원래 마음을 닦는 것이고, 불교가 대중화되려면 먼저 불교가 지성화되어야 하고, 그래야 불교를 자기화시킬 수 있다고 말씀하신다.

반야암 돌수조

　지금도 반야암에 가면, 비록 지금은 중생이지만 '부처를 닮아보
자', '부처를 향해서 향상해보자'는 의지를 가지는 것이 불자이고,
또한 부처가 될 수 있다는 지혜의 말씀을 마음 깊이 새기게 된다.
그런 의미에서 반야암 '반야수般若水'는 말 그대로 지혜의 물이기도
하지만, 영축산 골기가 잘 스며든 청정한 물이기도 하다.

　반야암 약수는 지하수로서 수질이 청정하고 물맛도 좋다. 수질
측정 결과, 반야암 반야수의 pH는 7.64로서 중성에 가깝고, 총 고
형물질이 90.68mg/L 정도이며, 유기물 오염도 거의 없는 맑은 상
태다. 산중 물 중에서도 오염되지 않은 순수 상태의 물이고, 경도도
44.0mg/L로서 단물이면서 몸에 좋은 여러 미네랄이 적당하게 들
어 있다.

그리하여 물맛을 나타내는 'O Index'는 11.82, 건강한 물을 나타 내는 'K Index'는 13.1로 높아서 물맛도 좋고, 건강한 물이었다.

반야암 '반야수'는 영축산 줄기를 타고 내려온 암반층의 골기를 잘 간직한 이름 그대로 지혜의 물이다. 그 물을 한 바가지 마시면, 이 시대 최고의 강백이신 지안 스님의 덕 높은 청정한 지혜의 법문 들이 온몸에 가득 찰 것 같다. 영축산 정기가 서린 반야수를 마시 며, 우리 모두가 지혜로운 삶을 살아가기를 고대하게 된다.

표 36. 반야암 반야수의 현장 수질 분석 결과

약수명	온도(℃)	pH	DO (mg/L)	탁도 (NTU)	전기전도도 (µS/cm)	TDS (mg/L)
먹는 물 수질 기준	–	4.5~9.5	–	–	–	–
반야암 약수	20.50	7.64	6.71	0.11	127.65	90.68

표 37. 반야암 반야수의 수질 분석 결과(심미적 영향물질 1)

약수명	심미적 영향물질에 관한 기준				
	경도 (mg/L)	과망간산칼륨 소비량(mg/L)	냄새	맛	구리 (mg/L)
먹는 물 수질 기준	300mg/L	10mg/L	냄새가 없을 것	맛이 없을 것	1mg/L
반야암 약수	44.0	1.7	없음	없음	불검출

표 38. 반야암 반야수의 수질 분석 결과(심미적 영향물질 2)

약수명	심미적 영향물질에 관한 기준					
	증발잔류물 (mg/L)	철 (mg/L)	망간 (mg/L)	탁도 (NTU)	황산이온 (mg/L)	알루미늄 (mg/L)
먹는 물 수질 기준	500mg/L	0.3mg/L	0.3mg/L	0.5NTU	200mg/L	0.2mg/L
반야암 약수	65.0	불검출	불검출	0.11	2.0	불검출

표 39. 반야암 반야수의 수질 분석 결과(물맛 기준)

약수명	물맛 기준					총유기탄소 (TOC) (mg/L)
	나트륨이온 (Na) (mg/L)	칼슘이온 (Ca) (mg/L)	마그네슘이온 (Mg) (mg/L)	칼륨이온 (K) (mg/L)	이산화규소 (SiO_2) (mg/L)	
반야암 약수	2.3	15.1	1.4	0.5	24.60	1.78

표 40. 반야암 반야수의 물맛 평가

약수명	O Index(맛있는 물)	K Index(건강한 물)	비고
물맛 기준	2 이상	5.2 이상	–
반야암 약수	11.82	13.10	맛있고 건강한 물

서축암
약수

서축암西鷲菴은 장밭들을 지나 왼쪽으로 가다가 자장암에 이르기 전 오른편에 위치하고 있다. 양지바른 곳에 터를 잡고 강백들이 부처님 경전을 밝히고 있는 암자다.

서축암 약수는 지하수를 이용하고 있으며, 월하 스님이 쓰신 현판이 걸린 서축암 문을 들어서면, 정면으로 보이는 무량수전과 오른쪽에 위치한 석탑과 돌로 만든 대형 수조가 놓여 있다. 무량수전 왼편으로도 수조가 있는데, 서축암 약수는 지하수로서 수질이 청정하고 물맛도 시원하다.

서축암 약수의 수질은 pH가 7.64로서 중성에서 알칼리성이고, 총 고형물질이 28.32mg/L 정도로 낮은 편이며, 유기물 오염도 거의 없는 맑은 상태다. 산중 물 가운데서도 오염되지 않은 순수 상태의 물로, 경도는 14.0mg/L로서 연한 단물이다.

물맛을 나타내는 'O Index'는 4.74로 비교적 물맛이 좋은 물로 확인되었다.

서축암은 밝고 편안하다. 부처님의 가르침이 자비광명이듯, 청정

서축암 전경

서축암 돌 수조

한 서축암의 약수를 마시며 청정한 부처님의 가르침이 온 누리에
가득하길 바라게 된다.

표 41. 서축암 약수의 현장 수질 분석 결과

약수명	온도(℃)	pH	DO (mg/L)	탁도 (NTU)	전기전도도 (µS/cm)	TDS (mg/L)
먹는 물 수질 기준	−	4.5~9.5	−	−	−	−
서축암 약수	21.00	7.64	8.55	0.30	39.70	28.32

표 42. 서축암 약수의 수질 분석 결과(심미적 영향물질 1)

약수명	심미적 영향물질에 관한 기준				
	경도 (mg/L)	과망간산칼륨 소비량(mg/L)	냄새	맛	구리 (mg/L)
먹는 물 수질 기준	300mg/L	10mg/L	냄새가 없을 것	맛이 없을 것	1mg/L
서축암 약수	14.0	2.2	없음	없음	0.020

표 43. 서축암 약수의 수질 분석 결과(심미적 영향물질 2)

약수명	심미적 영향물질에 관한 기준					
	증발잔류물 (mg/L)	철 (mg/L)	망간 (mg/L)	탁도 (NTU)	황산이온 (mg/L)	알루미늄 (mg/L)
먹는 물 수질 기준	500mg/L	0.3mg/L	0.3mg/L	0.5NTU	200mg/L	0.2mg/L
서축암 약수	35.0	불검출	불검출	0.30	2.0	0.03

표 44. 서축암 약수의 수질 분석 결과(물맛 기준)

약수명	물맛 기준					총유기탄소 (TOC) (mg/L)
	나트륨이온 (Na) (mg/L)	칼슘이온 (Ca) (mg/L)	마그네슘이온 (Mg) (mg/L)	칼륨이온 (K) (mg/L)	이산화규소 (SiO2) (mg/L)	
서축암 약수	0.8	2.4	0.6	0.3	9.62	2.50

표 45. 서축암 약수의 물맛 평가

약수명	O Index(맛있는 물)	K Index(건강한 물)	비고
물맛 기준	2 이상	5.2 이상	–
서축암 약수	4.74	1.70	맛있는 물

금수암
'금수'

영축산에는 두 가지의 신비로운 샘물이 있다. 영축산 약수의 두 줄기 근원이라 할 수 있는 영축산중의 백운암을 사이에 두고 양쪽 에 있는 '금샘'과 '은샘'인데, 각기 금수탕과 은수탕으로 계곡 줄기를 타고 흘러 내려와 큰절 계곡으로 흘러 들어오게 된다.

금수암의 금수는 백운암의 금수탕(금샘)에서 내려오는 물이기에 금수암 스님께서 그 이름을 '금수金水'라고 부르기로 하였다. 수행하는 암자이기에 일반인들에게는 공개되지 않아 아쉽지만, 영축산 정기가 서린 깊은 곳의 물이기에 물맛 또한 시원하고 좋다.

도문 스님에 의하면, 영축산 중심에 위치하여 큰 기가 모인 듯한 곳이기에 금수암 터가 참 좋다고 하셨다. 그래서인지 금수암 금수는 영축산중에서 내려오는 토층수로서 물이 매우 맑고 시원하다.

금수암 금수는 기본적으로 수량이 풍부하고, 수질도 청정하며, 물맛도 좋다. 수질 측정 결과, 금수암 금수의 pH는 6.93으로 거의 중성 상태이고, 총 고형물질이 64.35mg/L 정도로 적은 편이며, 유

금수암 금수 전경

기물 오염도 거의 없는 맑은 상태다. 산중 물 중에서도 오염되지 않은 순수 상태의 물이고, 경도도 32.0mg/L로 단물이면서 몸에 좋은 여러 미네랄들이 적당하게 들어 있다. 영축산 내 수정 광산의 이산화규소 성분도 27.59mg/L로 적당히 녹아 있어 물맛도 좋다.

물맛을 나타내는 'O Index'는 10.83, 건강한 물을 나타내는 'K Index'는 8.13으로 높아서 물맛도 좋고 건강한 물로 확인되었다.

영축산 중앙에 기가 모인 금수암 금수는 영축산 깊은 숲에서 내려오는 물이어서 깊은 맛이 있다. 또한 영축산 높은 곳에서 내려오는 물이기 때문에 우리에게 으뜸의 맛을 준다. 우리 모두 금수의 밝은 정기를 받아 깊고 높은 정신으로 세상을 살아갔으면 한다.

금수암 금수

표 46. 금수암 금수의 현장 수질 분석 결과

약수명	온도(℃)	pH	DO (mg/L)	탁도 (NTU)	전기전도도 (μS/cm)	TDS (mg/L)
먹는 물 수질 기준	–	4.5~9.5	–	–	–	–
금수암 금수	14.90	6.93	9.88	1.64	79.45	64.35

표 47. 금수암 금수의 수질 분석 결과(심미적 영향물질 1)

약수명	심미적 영향물질에 관한 기준				
	경도 (mg/L)	과망간산칼륨 소비량(mg/L)	냄새	맛	구리 (mg/L)
먹는 물 수질 기준	300mg/L	10mg/L	냄새가 없을 것	맛이 없을 것	1mg/L
금수암 금수	32.0	2.3	없음	없음	불검출

표 48. 금수암 금수의 수질 분석 결과(심미적 영향물질 2)

약수명	심미적 영향물질에 관한 기준					
	증발잔류물 (mg/L)	철 (mg/L)	망간 (mg/L)	탁도 (NTU)	황산이온 (mg/L)	알루미늄 (mg/L)
먹는 물 수질 기준	500mg/L	0.3mg/L	0.3mg/L	0.5NTU	200mg/L	0.2mg/L
금수암 금수	60.0	0.06	1.06	1.64	2.0	0.13

표 49. 금수암 금수의 수질 분석 결과(물맛 기준)

약수명	물맛 기준					총유기탄소 (TOC) (mg/L)
	나트륨이온 (Na) (mg/L)	칼슘이온 (Ca) (mg/L)	마그네슘이온 (Mg) (mg/L)	칼륨이온 (K) (mg/L)	이산화규소 (SiO_2) (mg/L)	
금수암 금수	1.8	9.7	1.5	0.6	27.59	2.03

표 50. 금수암 금수의 물맛 평가

약수명	O Index(맛있는 물)	K Index(건강한 물)	비고
물맛 기준	2 이상	5.2 이상	-
금수암 금수	10.83	8.13	맛있고 건강한 물

자장암
'자장수'

    오랜만에 자장암慈藏庵에 가보았다. 최근에 현문 스님께서 도량불사를 잘 마무리하여 정말 가볼 만한 암자라는 생각이 들었다. 모름지기 불사佛事란 지금만이 아니라 백 년을 생각하고 체계적으로 수행해야 한다는 사실을 깨닫게 된다. 많은 사람들이 통도사 암자 중에서도 제대로 된 암자를 구경하려면 자장암과 사명암을 가보라고 한다. 불사는 그 시대를 사는 사람의 안목이고, 결국 그것은 그 절에 사는 사람들의 역할이다. 그 점에서 자장암은 우리 시대의 제대로 된 안목으로 이루어진 불사를 보여주는 소중한 곳이다.

    자장암은 자장 율사께서 통도사를 짓기 전에 이곳의 석벽 아래에서 수도하며 창건하였다고 한다.『통도사 사적기』에 나타난 금와변현조와 이능화 선생이 지은『조선불교통사』에 자장암의 금와보살金蛙菩薩에 대한 전설이 남아 있다.

    신라 진평왕 때 자장 율사께서 통도사를 세우기 전, 영축산에 들

자장암 감로수와 금와굴

어와 바위벽 아래 움집을 짓고 수도하셨다. 지금의 관음전 뒤 바위
틈에서 맑은 석간수가 흘러나오고 그 위에 작은 구멍이 있다. 이 구
멍은 자장 율사께서 이곳에서 수도하실 적에 개구리 두 마리가 떠
나지 않자 스님께서 신통력으로 바위 벽에 구멍을 뚫어 개구리들
이 들어가 살도록 한 것이라고 한다. 오늘날에도 관음전 뒤의 큰 바
위 아래에서는 석간수인 감로수가 나오고, 그 위의 작은 구멍은 금
와보살이 사는 금와굴로 전해지고 있다. 감로수는 바위 속에서 나
오는 석간수이다. 물의 양이 항상 일정하며 사람들이 함부로 손대
지 못하도록 신성하게 잘 관리되고 있다. 지금은 부처님 전에 올리
는 다기 물로 사용하고, 가끔 스님들의 찻물로 이용한다고 한다. 마

침 자장암에 계시는 광우 스님께 감로수로 달이는 차 맛이 어떠냐
고 여쭈었더니 아주 부드럽다고 하셨다.

자장암은 터도 좋지만, 불쑥 튀어나온 관음전의 바윗돌처럼 자연
지형을 잘 살리고자 한 지혜가 돋보인다. 마애불을 중심으로 옛 건
물과 입구에 있는 새 건물이 조화롭게 잘 지어져 있다. 자장암은 산
중턱에서 앞산을 바라보듯이 영축산 능선 전체를 바라볼 수 있고
소나무와 계곡이 어우러져 있어 더욱 아름답다.

자장암은 여러 군데의 물을 사용하고 있다. 먼저 금와보살이 있
는 금와굴 아래에서 나오는 석간수는 감로수로서 주로 부처님께 올
리고, 식수로 사용하는 물은 인근 계곡에서 나오는 산중수와 지하
수를 끌어다 물탱크에 저장하여 사용하고 있다. 최근 불사를 하며
잘 정비된 물탱크를 설치하여 물 관리를 안정적으로 한 것도 참 잘
한 일이다.

자장암 자장수慈藏水의 pH는 7.28로 알칼리성에 가까운 중성 상
태로 볼 수 있으며, 수중의 용존산소도 $6.81mg/L$ 정도로 풍부한 편
이고, 총 고형물질이 $62.73mg/L$ 정도로 낮은 편이며, 유기물 오염
도 거의 없는 청정한 상태다. 기타 중금속이나 농약 등도 전혀 없는
산중 물로서 오염되지 않은 순수 상태의 물이고, 경도도 $32.0mg/L$
로 단물이다.

자장암 또한 영축산중의 많은 물에서 보듯이 영축산 줄기의 수
정광산을 통과해서인지 상대적으로 이산화규소 성분이 $22.24mg/L$

자장암 자장수 수각

정도로 많아서 맛있는 물을 나타내는 'O Index'가 12.13 정도로 높아 물맛이 좋고, 또한 산중을 흘러내리며 일부 지층의 광물질 성분들도 적당히 포함되어 있어 건강한 물을 나타내는 'K Index'도 8.29 정도로 건강한 물로 확인되었다.

천 년 전의 지혜를 되짚어본다면, 21세기 한국불교는 지금 무엇보다 자장 스님의 청정한 계율이 요구되는 것 같다. 정의로운 사회는 결국 개인의 청정한 계율에서부터 시작되기 때문이다. 그 점에서 안목 있는 불사가 잘 마무리된 청정한 도량에서 청정한 자장수를 마시며 자장 스님의 뜻을 생각해보는 것이야말로 참으로 의미 있는 일이다. 오늘날 우리 모두 자장수를 마시며, 자장 스님의 청정계淸淨戒가 우리 모두와 함께하여 우리 사회가 바르게 정화되기를 기대해본다.

표 51. 자장암 약수의 현장 수질 분석 결과

약수명	온도(℃)	pH	DO (mg/L)	탁도 (NTU)	전기전도도 (μS/cm)	TDS (mg/L)
먹는 물 수질 기준	–	4.5~9.5	–	–	–	–
자장암 자장수	22.25	7.28	6.81	0.74	91.05	62.73
자장암 감로수	19.85	6.98	7.64	0.12	34.45	24.70

표 52. 자장암 약수의 수질 분석 결과(심미적 영향물질 1)

약수명	심미적 영향물질에 관한 기준				
	경도 (mg/L)	과망간산칼륨 소비량(mg/L)	냄새	맛	구리 (mg/L)
먹는 물 수질 기준	300mg/L	10mg/L	냄새가 없을 것	맛이 없을 것	1mg/L
자장암 자장수	32	2.5	없음	없음	불검출
자장암 감로수	5	1.5	없음	없음	불검출

표 53. 자장암 약수의 수질 분석 결과(심미적 영향물질 2)

약수명	심미적 영향물질에 관한 기준					
	증발잔류물 (mg/L)	철 (mg/L)	망간 (mg/L)	탁도 (NTU)	황산이온 (mg/L)	알루미늄 (mg/L)
먹는 물 수질 기준	500mg/L	0.3mg/L	0.3mg/L	0.5NTU	200mg/L	0.2mg/L
자장암 자장수	56	불검출	불검출	0.74	2	0.06
자장암 감로수	10	불검출	불검출	0.12	불검출	불검출

표 54. 자장암 약수의 수질 분석 결과(물맛 기준)

약수명	물맛 기준					총유기탄소 (TOC) (mg/L)
	나트륨이온 (Na) (mg/L)	칼슘이온 (Ca) (mg/L)	마그네슘이온 (Mg) (mg/L)	칼륨이온 (K) (mg/L)	이산화규소 (SiO_2) (mg/L)	
자장암 자장수	2.2	10.2	0.7	0.3	22.24	2.77
자장암 감로수	1.4	0.8	0.4	0.7	19.04	1.51

표 55. 자장암 약수의 물맛 평가

약수명	O Index(맛있는 물)	K Index(건강한 물)	비고
물맛 기준	2 이상	5.2 이상	-
자장암 자장수	12.13	8.29	맛있고 건강한 물
자장암 감로수	51.34	−0.42	맛있는 물

안양암
'영천약수'

안양암安養菴의 '영천약수靈泉藥水'는 영축산 줄기가 용트림하여 솟아오른 산중에서 나오는 물로서 말 그대로 맑고 신령스러운 물이다. 안양암이라는 말 자체가 아미타 부처님이 계시는 서방정토인 부처님 나라이듯이, 안양암은 큰절의 서쪽에서 큰절을 바라보며 위치하고 있는 평온한 암자다. 감원이신 무애 스님 또한 이웃집 아저씨처럼 사람의 마음을 편안하게 해주신다. 지금은 암자 뒤 주차장에 차를 세우고 돌아 들어가나, 큰절 계곡에서 올라가는 길이 더 그윽한 맛이 있다.

영천약수는 암자 뒤편에 있는 주차장의 오른편 산기슭에 위치해 있는데, 오른편에 수도꼭지로 받을 수 있게 만들어 놓은 영천약수를 마시면 그 시원한 물맛이 참 좋다. 잠시 목을 축이고 뒤를 돌아다보면, 영축산 줄기가 웅장하고 아름답다. 장밭들의 너른 품과 비로암 극락암을 품은 산줄기가 쭉 이어져 영축산의 기상을 한눈에 느낄 수 있게 해준다.

안양암 감원이신 무애 스님에 의하면, 안양암 물도 예전에는 암자 뒤에 우물이 있었으나 수량이 너무 적었다고 한다. 그래서 나무통을 파서 강철관을 묻어 암자 뒷산의 물을 끌어다 먹었는데, 30여년 전부터 관이 막혀 물이 나오지 않자 PVC관을 묻어 사용하고 있

안양암 주차장에서 바라본 영축산 전경

다고 한다. 이러한 영천약수는 영축산 줄기에서 내려오는 물줄기가
사명암과 백련암을 거쳐 흘러나오는 산중수다.

통도사의 앞산에는 물이 나오는 곳이 많다. 통도사 암자 중에서
도 사명암과 옥련암, 서운암의 남쪽에는 물이 많은 편이나 북쪽은
물이 많이 나오지 않는다고 한다. 스님께서는 영축산의 수맥이 끊
기지 않도록 산 뒤의 도로 등을 낼 때도 너무 깎지 않도록 했다고
한다. 물이 나오는 구멍은 수맥을 다치지 않도록 연결해주어야 하
고, 물은 흘러가야 한다는 '수류거水流去'의 지혜를 가르쳐주신다.

안양암의 영천약수를 보면, 정토경의 보지관寶池觀에 나오는 '팔공
덕수八功德水' 이야기가 생각난다. 서방정토에 있다는 물로서 물이 가
져야 할 여덟 가지 덕목, 즉 "가볍고輕, 맑고淸, 시원하고冷, 부드럽고

안양암 영천약수

軟, 맛있고美, 냄새가 없으며不臭, 마시기 적당하고調適, 마신 후 탈이 없어야 한다無患"라는 것이다.

방장이신 성파 큰스님의 말씀대로 이 일대는 영축산의 큰 줄기에서 내려오는 물이 곳곳에 집결하여 좋은 물들이 많이 솟아오른다. 그래서인지 안양암 영천약수 또한 수중의 용존산소도 풍부하고, 물 자체도 순수 상태로 맑다. 특히 규산 성분이 풍부해서 물맛이 맑고 달다.

안양암 영천약수의 수질을 살펴보면, pH는 6.7로서 다소 중성에서 산성 상태에 가까우나, 총 고형물질이 25.35mg/L 정도로 낮은 편이고, 유기물 오염도 거의 없는 빗물과 비슷한 상태다. 산중 물 중에서도 오염되지 않은 순수 상태의 물이고, 경도도 6.0mg/L로 매우 연한 단물이다. 더욱 영축산 줄기의 수정 광산을 통과해서인지 상대적으로 이산화규소^{SiO_2} 성분이 많아서 맛있는 물을 나타내는 'O

Index'가 122로 매우 높으므로 물맛이 매우 시원하고 좋은 물로 나타난다.

서방정토에 있는 물처럼 안양암 영천약수는 말 그대로 신령스러운 물로서 깊은 청량함을 간직하고 있다. 통도사에 왔다면, 모름지기 잠시 틈을 내어 안양암에 들러 영천약수의 청정한 맛을 음미하고 가는 것도 좋을 것 같다.

표 56. 안양암 영천약수의 현장 수질 분석 결과

약수명	온도(℃)	pH	DO (mg/L)	탁도 (NTU)	전기전도도 (μS/cm)	TDS (mg/L)
먹는 물 수질 기준	–	4.5~9.5	–	–	–	–
안양암 영천약수	15.55	6.64	9.25	0.47	32.20	25.35

표 57. 안양암 영천약수의 수질 분석 결과(심미적 영향물질 1)

약수명	심미적 영향물질에 관한 기준				
	경도 (mg/L)	과망간산칼륨 소비량(mg/L)	냄새	맛	구리 (mg/L)
먹는 물 수질 기준	300mg/L	10mg/L	냄새가 없을 것	맛이 없을 것	1mg/L
안양암 영천약수	6.0	1.5	없음	없음	불검출

표 58. 안양암 영천약수의 수질 분석 결과(심미적 영향물질 2)

약수명	심미적 영향물질에 관한 기준				
	증발잔류물 (mg/L)	철 (mg/L)	망간 (mg/L)	탁도 (NTU)	황산이온 (mg/L)	알루미늄 (mg/L)
먹는 물 수질 기준	500mg/L	0.3mg/L	0.3mg/L	0.5NTU	200mg/L	0.2mg/L
안양암 영천약수	10.0	불검출	0.007	0.47	불검출	0.04

표 59. 안양암 영천약수의 수질 분석 결과(물맛 기준)

약수명	물맛 기준					총유기탄소 (TOC) (mg/L)
	나트륨이온 (Na) (mg/L)	칼슘이온 (Ca) (mg/L)	마그네슘이온 (Mg) (mg/L)	칼륨이온 (K) (mg/L)	이산화규소 (SiO2) (mg/L)	
안양암 영천약수	1.4	1.4	0.2	1.0	22.03	1.52

표 60. 안양암 영천약수의 물맛 평가

약수명	O Index(맛있는 물)	K Index(건강한 물)	비고
물맛 기준	2 이상	5.2 이상	-
안양암 영천약수	122.15	0.18	맛있는 물

수도암
'샘물약수'

수도암修道菴은 안양암과 같이 큰절에서 바라다보이는 가까운 암자다. 장밭들로 가는 차밭을 보며 가다가 오른쪽 길로 들어서면 능선을 넘어 수도암이 나타난다. 소나무 숲 사이에 차를 세우고 암자로 가다 보면 오른편 큰 소나무 아래 탁자와 의자 두세 개가 놓인 쉼터가 있다. 쉼터를 지나 돌아서면 월하 스님이 쓰신 수도암 현판이 보인다. 수도암 샘물은 법당 앞마당에 철제로 수조를 만들어 수도꼭지로 마실 수 있게 해두었고, 법당 왼쪽 요사채 안에 스테인리스 뚜껑으로 덮인 사각형 수조가 있다. 요사채 안의 샘물이 원 약수여서 통도사 옛 스님들은 수도암 샘물약수를 자주 찾아 마셨다고 한다. 수량도 많은 편이고 물맛도 좋아서 즐겼다는 스님들이 여러 분 계시다. 지금은 암자 요사채 안에 위치하여서 일반 사람들이 쉽게 찾아가 마시기 어렵지만 말이다.

수도암 샘물약수는 영축산 능선에서 자연적으로 솟아 나오는 토층수로 물이 맑고 좋다. 수질 특성이 안양암 영천약수와 비슷한 것으로 보아 물줄기가 이어져 내려온 영향인 것 같다. 앞으로도 약수 원수와 수조를 잘 관리하여 활용하면 좋을 듯하다.

수도암 샘물약수의 pH는 6.5로서 다소 중성에서 산성 상태에 가까운 편이고, 총 고형물질이 37.38mg/L 정도로 비교적 낮고, 유기

수도암 전경

물 오염도 거의 없는 깨끗한 물이다. 산중의 물로 오염되지 않은 순수 상태의 물로, 경도도 9.0mg/L로서 매우 연한 단물이다. 영축산 줄기의 수정 광산을 통과해서인지 상대적으로 이산화규소 성분이 많아서 맛있는 물을 나타내는 'O Index'가 77 정도로 매우 높고, 따라서 물맛이 아주 좋은 물이다.

나는 큰절을 향해 부처님의 진신사리를 바라보면서 서 있는 수도암이 앞으로도 그 이름 그대로 수행하는 암자로 남았으면 좋겠다. 수행하다가 가끔 목이 마르면 맑은 물 한 잔 떠서 마시고 온몸과 마음이 맑아져 청정한 도인들이 많이 나올 것만 같다.

수도암 옆에 놓인 빈 바위 터를 바라보니, 덕 높으신 큰스님이 나올 듯하다. 문득 청정한 수도암 샘물로 달인 감로차 한 잔을 올리고 싶어진다.

수도암 약수

표 61. 수도암 샘물약수의 현장 수질 분석 결과

약수명	온도(℃)	pH	DO (mg/L)	탁도 (NTU)	전기전도도 (μS/cm)	TDS (mg/L)
먹는 물 수질 기준	–	4.5~9.5	–	–	–	–
수도암 약수	21.80	6.48	7.45	0.68	54.05	37.38

표 62. 수도암 샘물약수의 수질 분석 결과(심미적 영향물질 1)

약수명	심미적 영향물질에 관한 기준				
	경도 (mg/L)	과망간산칼륨 소비량(mg/L)	냄새	맛	구리 (mg/L)
먹는 물 수질 기준	300mg/L	10mg/L	냄새가 없을 것	맛이 없을 것	1mg/L
수도암 약수	9.0	0.9	없음	없음	0.030

표 63. 수도암 샘물약수의 수질 분석 결과(심미적 영향물질 2)

약수명	심미적 영향물질에 관한 기준					
	증발잔류물 (mg/L)	철 (mg/L)	망간 (mg/L)	탁도 (NTU)	황산이온 (mg/L)	알루미늄 (mg/L)
먹는 물 수질 기준	500mg/L	0.3mg/L	0.3mg/L	0.5NTU	200mg/L	0.2mg/L
수도암 약수	23	불검출	0.004	0.68	불검출	0.05

표 64. 수도암 샘물약수의 수질 분석 결과(물맛 기준)

약수명	물맛 기준					총유기탄소 (TOC) (mg/L)
	나트륨이온 (Na) (mg/L)	칼슘이온 (Ca) (mg/L)	마그네슘이온 (Mg) (mg/L)	칼륨이온 (K) (mg/L)	이산화규소 (SiO₂) (mg/L)	
수도암 약수	2.0	2.1	0.4	1.3	27.59	0.63

표 65. 수도암 샘물약수의 물맛 평가

약수명	O Index(맛있는 물)	K Index(건강한 물)	비고
물맛 기준	2 이상	5.2 이상	–
수도암 약수	77.48	0.36	맛있는 물

취운암
'취운금천'

1650년(효종 1년) 우운당 진희 대사가 홀어머니를 모시려 상좌를 시켜 지었다는 취운암翠雲庵은 푸른 구름에 덮인 상서로운 암자라는 이름처럼 늘 푸른 정기가 서린 곳이다.

취운암 전경

취운암의 '취운금천翠雲金泉' 약수는 지하 120~130미터의 암반층에서 추출하며, 하루 40~50톤의 물을 끌어 올려 사용하고 있다. 감원이신 상우 스님의 말씀에 의하면, 취운암 약수는 10여 년 전까지만 해도 앞산의 산중수를 끌어다가 뒷산에 물탱크 세 개를 설치하여 여과해 사용하였다고 한다. 그런데 여름 장마철에 황토물이 들어오고 물도 적으며 겨울에는 물이 얼기 때문에 10여 년 전에 지하수를 파서 뒷산의 물탱크에 저장하여 배관으로 끌어다 사용하고 있다고 한다. 취운암에는 영축율원이 있어 대중 30여 명과 신도들이 매일 30톤 이상의 물을 사용하고 있다.

감원이신 상우 스님은 12세 때 출가하여 세속 나이 70세가 되기까지 통도사에서 살아왔다. 오로지 선문禪門으로서 한국의 도학을 정립하고자 지난 1969년부터 50년간 200자 원고지 2만 매 분량으로 총 400만 자를 써서 『천봉선문대전天峰禪門大全』300여 권 29책을 발간하였다. 도학이 되려면 스스로가 철저한 자기 수행을 통해 장단점을 바탕으로 자기 도학을 정립해야 한다고 말씀하신다. 말 그대로 눈 푸른 납자의 기상을 느낄 수가 있었다.

취운암 법당은 350년 이상의 역사를 지니고 있으며, 현판과 주련은 글씨체가 좋아 취운암의 풍광을 잘 나타내고 있다. 취운전에 걸린 주련은 옛날 걸어 다니던 시절 취운암의 풍광을 묘사한 글로 그중 "동자가 문을 여니 목을 적실 샘물을 찾는다童子開門尋澗泉"라는 구절이 있다. 그 옛날 산문에서 걸어와서 목이 마를 때 법당에서 나오

취운암 감원이신 상우 스님과 율원장 덕문 스님

는 동자에게 샘물이 어디 있느냐 라고 묻는 모습이 그림처럼 그려
진다.

또한 취운암은 '취운석종翠雲夕鍾'이라 하여 취운암의 저녁 종소리
가 아주 좋아 통도 8경의 하나로 꼽힌다. 그러나 요즘에는 큰절과
가깝고 중복되어 종을 치지 않는다고 한다.

지금의 취운암은 무엇보다 영축율원이 있고, 대중 스님들과 신도
들이 공부하는 취운선원이 있어 매우 중요한 곳이다. 마침 감원이
신 상우 스님과 율원장이신 덕문 스님께 취운암 약수의 이름을 여
쭈었더니 감원 스님께서 덕문 스님께 이름을 지어주기를 청하셨고,

취운암 수조

덕문 스님께서는 "취운암 약수를 마시면 성불해서 부처님의 금색신
金色身을 이룬다"는 의미로 '취운금천翠雲金泉'이라 지어주셨다.

　스님께서는 평상시에 부처님 계율대로 사는 것이야말로 부처님
이 되는 길이며 자비를 실천하는 길이라고 믿으시고, 그대로 실천
하며 살고 계신다. 우리 모두가 바르게 생활하여 부처님의 금색신
을 이루길 바라는 스님의 마음이 잔잔하게 전해졌다. 앞으로도 취운
금천이 '통도 10대 명수'로서 명성이 널리 이어지기를 고대해본다.

　취운암 금천약수의 수질적 특성을 살펴보면, 수소이온농도pH
7.17로서 중성 상태인 7.0보다 다소간 높다. 물의 세기를 나타내는
경도는 61.0mg/L로서 영축산 지역의 평균 농도인 20.2mg/L보다

세 배 정도로 높지만, 단물 기준인 75mg/L보다 낮은 단물이다.

큰절의 구룡수와 마찬가지로 경도가 다소 높은 만큼 기타 미네랄 성분 등도 산내 다른 암자들보다 높고, 그중에서도 피부 재생과 노화 방지, 모발 건강에 좋은 이산화규소 성분이 32.3mg/L 정도로서 약 두세 배 높다. 칼슘 또한 23.9mg/L로서 상대적으로 높다. 이는 영축산 권역에 내린 물이 지층을 통과하며 여러 광물질들이 용출된 것으로 판단된다.

물맛 기준으로 보면, 취운암 금천약수는 'O index'가 10.25이고, 'K index'가 20.94로 맛있고, 건강한 물로 확인되었다.

물맛 평가 결과에서 나타나듯이 취운암 금천약수를 마시면 청정한 약수를 통해 몸을 정화하여 취운금천이라는 약수 이름 그대로 모두들 성불해서 부처님의 금색신을 이룰 것 같다.

표 66. 취운암 취운금천 약수의 현장 수질 분석 결과

약수명	온도(℃)	pH	DO (mg/L)	탁도 (NTU)	전기전도도 (μS/cm)	TDS (mg/L)
먹는 물 수질 기준	−	4.5~9.5	−	−	−	−
취운금천약수 (지하수)	20.55	7.17	7.06	0.12	116.90	118.95
취운암 약수 (계곡수)	24.25	7.35	6.26	0.15	179.45	118.63

표 67. 취운암 취운금천 약수의 수질 분석 결과(심미적 영향물질 1)

약수명	심미적 영향물질에 관한 기준				
	경도 (mg/L)	과망간산칼륨 소비량(mg/L)	냄새	맛	구리 (mg/L)
먹는 물 수질 기준	300mg/L	10mg/L	냄새가 없을 것	맛이 없을 것	1mg/L
취운금천약수 (지하수)	61.0	1.6	없음	없음	불검출
취운암 약수 (계곡수)	60.0	1.6	없음	없음	0.012

표 68. 취운암 취운금천 약수의 수질 분석 결과(심미적 영향물질 2)

약수명	심미적 영향물질에 관한 기준					
	증발잔류물 (mg/L)	철 (mg/L)	망간 (mg/L)	탁도 (NTU)	황산이온 (mg/L)	알루미늄 (mg/L)
먹는 물 수질 기준	500mg/L	0.3mg/L	0.3mg/L	0.5NTU	200mg/L	0.2mg/L
취운금천약수 (지하수)	102.0	불검출	불검출	0.12	5.0	불검출
취운암 약수 (계곡수)	104.0	불검출	불검출	0.15	6.0	불검출

표 69. 취운암 취운금천 약수의 수질 분석 결과(물맛 기준)

약수명	물맛 기준					총유기탄소 (TOC) (mg/L)
	나트륨이온 (Na) (mg/L)	칼슘이온 (Ca) (mg/L)	마그네슘이온 (Mg) (mg/L)	칼륨이온 (K) (mg/L)	이산화규소 (SiO₂) (mg/L)	
취운금천약수 (지하수)	3.4	23.9	0.5	0.2	32.30	1.62
취운암 약수 (계곡수)	3.4	23.5	0.5	0.2	32.08	1.52

표 70. 취운암 취운금천 약수의 물맛 평가

약수명	O Index(맛있는 물)	K Index(건강한 물)	비고
물맛 기준	2 이상	5.2 이상	-
취운금천약수 (지하수)	10. 25	20.94	맛있고 건강한 물
취운암 약수 (계곡수)	8. 58	20.54	맛있고 건강한 물

사명암
약수

10월 말 단풍이 짙어지는 계절에 사명암으로 갔다. 여름 약수 조사 때는 동원 스님께서 미국에 가셔서 못 뵈었기에 이번에 스님께 한 말씀 듣고자 사명암에 들렀다.

사명암 입구 주차장에 들어서니 웬 퉁소 소리가 들렸다. 방송으로 나오는 소린가 하여 고개를 들어 보았더니 일월각 정자 위에서 한 스님이 퉁소를 불고 계셨다. 깊은 산중 계곡에 부는 바람 소리같이 가슴 속에 저며 오는 소리를 따라 가보니 정자에 앉아 퉁소를 불고 계시는 분은 동원 스님이었다.

동원 스님은 은사인 혜각慧覺(1905~1998) 큰스님을 수십 년 동안 모시고 살았는데, 혜각 큰스님께서는 마음으로 토해내시는 것이 듣는 사람을 있는 그대로 감화시키고 사람의 진심을 움직이게 하였다

사명암 전경

고 한다. 혜각 큰스님에 대한 동원 스님의 회상은 끝이 없었다. 마치 지금 살아 계신 것같이 큰 울림으로 전해져서 그 말씀을 짧게나마 옮겨본다.

　"혜각 큰스님은 정직하시고 일상생활이 버릴 게 없는 분이시더라. 맑고 깨끗하게 수행자로 살다 가셨고 그 모습이 보기가 좋았다. 세속 나이 94세까지 사시도록 '노화老花', '사화死花'를 다 갖추셨다. 노장님 만큼만 살면 틀림없는 중노릇하는 거다. 그렇지만 나는 욕심도 많고 상도 많고 어림도 없다.

　또한 스님께서는 찾아오는 누구에게나 이렇게 말씀하셨다. 내가 알고 있는 것은 통도사가 다 알고 있으니, 물이나 한잔 잡숫고 가면 된다. 여름 풍광도 좋고 가을 단풍도 잘 어울려 좋다. 그 맛에 중이 되어 산다. 절은 절 같아야 좋다. 오만 재주는 마을에 많고 중은 중같이 살고, 절은 절 같아야 한다.

경제만을 부르짖지 마라. 행복과 평화가 오지 않는다. 출세하고 돈 벌어봐야 제대로 사는 정치인 기업인이 없다. 스스로 고생만 하고 간다. 경제는 먹고사는 거다. 몸뚱이 하나 사는 데 정말 복잡하다. 그런다고 병이 안 나나? 생활은 풍족한데 우울증에 자살은 더 많아지고, 더 행복하지가 않다. 그런 것이 아니다……. 머지않아 공원묘지 가고 화장막 간다 생각하고 산다. 화장막 가는 마당에 뭐가 중요한지 생각하고 살아야 한다.

노화老花라고, 지는 꽃이 아름답게 죽어야 한다. 출가한 중은 '노화老花', '사화死花'가 되어야 한다. 사람들은 죽을 때를 봐야 한다. 죽음의 꽃이 있다. 열반상이 있다.

스님께서는 죽을 때도 사화처럼 보기 좋게 안개같이 가시더라. 목이 제일 늦게 식더라. 사화라는 말이 참 좋다. 노장님 열반이 참 아름답다. 안개 걷히듯이 편안하게 가시더라. 이사理事가 끊어지니까 깨끗하게 가시더라.

이理와 사事가 끊어지면 무심無心으로 편안하다. 무심으로 편안한 자세로 가시더라. 무심하면 그만인데 그게 그렇게 어렵다. 보는 대로 듣는 대로 사는 대로 끝없이 의식이 쉴 없이 일어나더라도 무심하면 그만인데, 보되 무심하고, 듣되 무심하고, 생각하되 무심하면 그만인데, 그게 안 된다."

그리하여 스스로 자탄한 시가 있다.

내 고향 영축산

노송(老松)은 무심하되 그 빛이 푸르르고
백운(白雲)은 무심하되 그 빛이 희다든가.
나 또한 무심(無心)이려만
어찌 가슴팍이 메이는고.
......

정자에는 경봉 스님, 석정 스님 등 여러 큰스님의 글씨와 추사 김
정희 선생, 위창 오세창 선생, 안중근 의사, 청남 오제봉 선생 등 여

사명암 일승대 내부

사명암 돌수조

러 서예가들의 글씨가 걸려 있었다. 마치 서예박물관에 온 것처럼 오랜만에 안복眼福을 누리는 시간이기도 했다. 더불어 오랜만에 스님다운 스님을 만난 것이 반가운 하루였고, 왜 여러 사람들이 통도사의 가볼 만한 암자로 사명암을 꼽는지를 확인할 수 있는 소중한 시간이었다. 모름지기 불사佛事란 안목의 문제이고, 이 시대 불사가 어떠해야 함을 알 수가 있었다.

사명암 물은 산중수인데 아주 가물 때를 대비해 예비로 지하수를 파 두고 있다. 아름다운 암자이고 볼거리가 많은데 수각도 아름답게 조성되어 있다.

사명암 약수의 수질적 특성을 살펴보면, 수소이온농도pH 6.62로서 중성 상태인 7.0보다 약간 낮다. 또한 물의 세기를 나타내는 경도는 8.0mg/L로 영축산 지역의 평균 농도인 20.2mg/L보다 낮은 매우 연한 단물이다. 기타 유기물이나 유해 화합물질들도 없는 순수 상태의 맑고 깨끗한 물이다.

물맛 기준으로 보면, 사명암 약수는 'O index'가 60.33이고, 'K index'가 0.41로 매우 맛있는 물로 확인되었다. 이는 다른 미네랄과 비교하여 이산화규소 등이 풍부하기 때문으로 판단된다.

모름지기 불지종가 통도사를 찾아왔다면 큰절의 부처님 진신사리를 참배하고, 잠시 틈을 내어서라도 숨겨져 있는 보물 같은 암자들을 찾아가봐야 한다. 보물 같은 사명암에 들러 청정한 약수를 마시며, 어떻게 잘 사느냐도 중요하지만 어떻게 인생을 아름답게 마무리할 것인가를 생각해봐야 할 것 같다. 모두들 죽을 때 아름다운 꽃처럼 회향하기를 바라며, 나는 맑은 물 한 잔을 마셨다.

표 71. 사명암 약수의 현장 수질 분석 결과

약수명	온도(℃)	pH	DO (mg/L)	탁도 (NTU)	전기전도도 (μS/cm)	TDS (mg/L)
먹는 물 수질 기준	–	4.5~9.5	–	–	–	–
사명암 약수	18.80	6.62	8.26	0.37	37.75	27.63

표 72. 사명암 약수의 수질 분석 결과(심미적 영향물질 1)

약수명	심미적 영향물질에 관한 기준				
	경도 (mg/L)	과망간산칼륨 소비량(mg/L)	냄새	맛	구리 (mg/L)
먹는 물 수질 기준	300mg/L	10mg/L	냄새가 없을 것	맛이 없을 것	1mg/L
사명암 약수	8.0	1.1	없음	없음	0.014

표 73. 사명암 약수의 수질 분석 결과(심미적 영향물질 2)

약수명	심미적 영향물질에 관한 기준					
	증발잔류물 (mg/L)	철 (mg/L)	망간 (mg/L)	탁도 (NTU)	황산이온 (mg/L)	알루미늄 (mg/L)
먹는 물 수질 기준	500mg/L	0.3mg/L	0.3mg/L	0.5NTU	200mg/L	0.2mg/L
사명암 약수	25.0	불검출	불검출	0.37	불검출	불검출

표 74. 사명암 약수의 수질 분석 결과(물맛 기준)

약수명	물맛 기준					총유기탄소 (TOC) (mg/L)
	나트륨이온 (Na) (mg/L)	칼슘이온 (Ca) (mg/L)	마그네슘이온 (Mg) (mg/L)	칼륨이온 (K) (mg/L)	이산화규소 (SiO_2) (mg/L)	
사명암 약수	1.6	1.8	0.4	0.3	22.03	0.85

표 75. 사명암 약수의 물맛 평가

약수명	O Index(맛있는 물)	K Index(건강한 물)	비고
물맛 기준	2 이상	5.2 이상	-
사명암 약수	60.33	0.41	맛있는 물

백련암
'백련옥수'

백련암을 갈 때마다 왠지 "나무아미타불 관세음보살南無阿彌陀佛 觀世音菩薩"이라는 염불이 저절로 새겨지며, 다음의 게송이 생각난다.

아미타불이 어디 있는가.

마음을 잡아두고 간절히 잊지 마라.

생각하고 생각해서 생각이 없는 곳에 이르면,

육문(六根)에서 항상 금빛 광명이 빛나리라.

백련암은 고려 공민왕 22년(1373년)에 월하 스님이 창건하고 환성 스님과 경허 스님, 만해 스님과 성철 스님 등이 수행한 곳으로서, 큰 법당은 백련사白蓮舍라 하여 만일염불회萬日念佛會를 열었다고 한다. 이러한 전통은 오늘날에도 이어지고 있다.

현재 백련암白蓮庵은 조계종 초대 교육원장과 통도사 주지를 지내

백련암 감원이신 원산 스님과 도문 스님

백련암 백련옥수

신 원산圓山 스님이 계시는 암자다. 암자 입구에 들어서면 산정약수라 쓰인 석비가 있고 수도꼭지로 나오는 물을 많은 사람들이 길어다 먹고 있다.

잠시 고개를 들어보면, 법당과 요사채가 보이고 오른쪽에 우뚝 솟은 은행나무 고목이 있다. 우리 절집들이 저마다 아름다운 전설을 품고 있듯이, 왠지 덕 높은 스승이 계실 것만 같다. 오랜만에 원산 스님을 뵙고 차 한 잔 마시며 백련암의 백련옥수白蓮玉水에 대해 여쭈어보았다.

백련암의 백련옥수는 백련암에 계시는 원산 큰스님께서 영축산 옥산玉山에서 나오는 물이라 하여 '백련옥수'라 하셨다. '흰 연꽃처럼, 옥처럼 맑고 깨끗한 물'이라는 뜻이다. 원래는 비로암과 극락암과 마찬가지로 '산정약수'라 불렀으나, 이름이 중복되어 새로 '백련옥수'로 바꾸었다.

'산정약수'는 극락암에 주석하시던 경봉 큰스님께서 영축산 정기를 담은 물이라는 의미로 극락암과 비로암, 그리고 백련암의 '3대 산정약수'가 유명했다. 어찌 보면 큰스님의 법맥을 이어가고 있는 극락암의 명정 큰스님, 비로암의 원명 큰스님, 그리고 백련암의 원산 큰스님이 생각난다. 경봉 큰스님의 한국 선풍을 이어 세 분의 큰스님들이 영축산을 지켜가고 있는 것 같다.

백련암 '백련옥수'는 자연 그대로의 생명수로서 그 청정성 때문

백련암 수조

에 부산의 삼세한방병원에서 길어다 한약을 달인다고 하며, 사진작가로 유명한 주명덕 씨는 오대산 우통수 물과 통도사 백련암, 그리고 운문사 내원암 물이 특히 좋다고 하였단다. 평일임에도 부산과 울산에 사는 여러 사람들이 와서 백련옥수를 길어가고 있었다.

백련암 백련옥수의 pH는 6.92로 중성 상태로 볼 수 있으며, 수중의 용존 산소도 8.59mg/L 정도로 풍부한 편이고, 총 고형물질이 33.48mg/L 정도로 낮은 편이며, 유기물 오염도 거의 없는 청정한 상태의 물이다. 기타 중금속이나 농약 등도 전혀 없는 산중 물로 오염되지 않은 순수 상태의 물이고, 경도도 9.0mg/L로 매우 연한 단물이다.

또한 '서운암 참샘약수'와 '옥련암 장군수'에서 보듯이 영축산 줄기의 수정 광산을 통과해서인지 상대적으로 이산화규소 성분이 26.52mg/L 정도로 많아서 맛있는 물을 나타내는 'O Index'가 145 정도로 매우 높아 물맛이 매우 좋다.

통도사 산중 암자가 더욱 깊고 높은 것은 암자 곳곳에 역대 조사 스님들과 큰스님들이 계시기 때문이다. 창건 이후 끊이지 않고 이어지는 유려한 법맥처럼 산중 깊은 곳의 수맥들이 이어져 오늘도 맑은 감로수를 전해주고 있다.

지금도 백련암의 백련옥수 또한 영축산 깊은 계곡의 흰 연꽃 같은 청정한 청수를 끊임없이 보시해주고 있다. 이따금 시간 날 때 백련암을 찾아가면, 연꽃이 피어나듯 곳곳에 감로수 같은 그득한 청정수를 맛볼 수 있다.

표 76. 백련암 백련옥수의 현장 수질 분석 결과

약수명	온도(℃)	pH	DO (mg/L)	탁도 (NTU)	전기전도도 (μS/cm)	TDS (mg/L)
먹는 물 수질 기준	–	4.5~9.5	–	–	–	–
백련암 백련옥수	17.85	6.92	8.59	0.11	44.55	33.48

표 77. 백련암 백련옥수의 수질 분석 결과(심미적 영향물질 1)

약수명	심미적 영향물질에 관한 기준				
	경도 (mg/L)	과망간산칼륨 소비량(mg/L)	냄새	맛	구리 (mg/L)
먹는 물 수질 기준	300mg/L	10mg/L	냄새가 없을 것	맛이 없을 것	1mg/L
백련암 백련옥수	9.0	1.0	없음	없음	불검출

표 78. 백련암 백련옥수의 수질 분석 결과(심미적 영향물질 2)

약수명	심미적 영향물질에 관한 기준					
	증발잔류물 (mg/L)	철 (mg/L)	망간 (mg/L)	탁도 (NTU)	황산이온 (mg/L)	알루미늄 (mg/L)
먹는 물 수질 기준	500mg/L	0.3mg/L	0.3mg/L	0.5NTU	200mg/L	0.2mg/L
백련암 백련옥수	18.0	불검출	불검출	0.11	불검출	불검출

표 79. 백련암 백련옥수의 수질 분석 결과(물맛 기준)

약수명	물맛 기준					총유기탄소 (TOC) (mg/L)
	나트륨이온 (Na) (mg/L)	칼슘이온 (Ca) (mg/L)	마그네슘이온 (Mg) (mg/L)	칼륨이온 (K) (mg/L)	이산화규소 (SiO2) (mg/L)	
백련암 백련옥수	1.8	2.3	0.2	0.2	26.52	0.65

표 80. 백련암 백련옥수의 물맛 평가

약수명	O Index(맛있는 물)	K Index(건강한 물)	비고
물맛 기준	2 이상	5.2 이상	–
백련암 백련옥수	145.11	0.73	맛있는 물

옥련암
'장군수'

옥련암玉蓮庵의 '장군수將軍水'는 오래전부터 인근 지역의 많은 사람들이 찾아와서 길어가는 물이다. 현 감원이신 법선 스님께서 사람들이 편히 물을 길어갈 수 있도록 암자 입구에 수도꼭지 여러 개를 만들어두셨다. 깊은 산중의 맑은 옥玉 같은 청정한 물을 저마다 길어가라는 스님의 마음에서 무주상無主相 보시처럼 무량한 법보시임을 알 수가 있다.

원래 '장군수'라는 이름은 '건봉사 장군수', '대흥사 장군수'처럼 임진왜란 때 승병장이었던 사명 대사가 주석하시던 곳의 물을 일컫는다. 그렇지만 '옥련암 장군수'라는 이름은 조선 초기로 올라가 통도사 앞산 마을인 삼수리三帥里와 깊은 관련이 있다. 현재 양산이라는 지역명도 3장수의 아버지인 이전생李全生 선생으로부터 유래한다고 하며, 현재 삼수리에 3장수 유적비가 전해지고 있다. 조선 초기에 유명한 이징옥 장군과 이징석 장군, 이징규 장군 세 장군이 옥

삼수리 3장수 유적비

련암 약수를 먹고 장군이 되었다고 해서 '장군수'라고 불렀다고 한다.

또 다른 설은, 이 물을 마신 옥련암 스님들이 기운이 왕성해져서 큰절에 가서 힘을 썼다고 한다. 그리하여 큰절 스님들이 수맥을 끊었고, 그 이후에는 옥련암 스님들이 힘을 쓰지 못했다는 이야기가 전해진다. 지금도 힘 약한 스님이 옥련암 물을 마시면 힘을 쓰게 되고, 감원이신 법선 스님 또한 몸이 약했는데 여기 온 이후 건강해졌다고 한다. 또한 부산대 병원에 입원한 사람들이 옥련암 물을 많이 이용하고, 주위에서 매일같이 많이 와서 물을 길어가기도 한다.

오늘날의 옥련암은 아름다운 반송 사이로 중앙에 보이는 법당 이름이 '큰 빛의 집'이라고 한글로 쓰여 있다. 양지바른 터 중앙에 빛을 잘 받고 서 있는 큰 법당을 중심으로 서쪽에 무량수전이 있고,

옥련암 수각

동쪽에 스님이 거주하시는 요사채가 있다. 옥련암 장군약수는 암자
뒷산의 산중에서 나오는 물을 두 군데의 물탱크에 보관하여 관으로
이어서 편하게 사용할 수 있도록 돌로 만든 수조 한 곳과 수도꼭지
를 세 곳에 설치하여 두고 있다.

옥련암 장군수는 '옥련玉蓮'이라는 이름같이 맑고 청정하며 '장군
수'라는 이름처럼 힘찬 기운이 있고, 영축산 정기가 웅축되어 있는
맑은 물임을 알 수 있다. 옥련암 장군수는 약수터와 공양간 두 군데
에 있으며, 수질의 특성이 비슷하다. 여기서는 주로 많이 사용하는
약수터의 수질을 소개한다.

옥련암 장군수의 pH는 6.64로 중성에서 산성 상태에 가까우나,

수중의 용존산소가 7.83mg/L 정도로 풍부한 편이고, 총 고형물질이 33.02mg/L 정도로 낮은 편이며, 유기물 오염도 거의 없는 빗물과 같이 깨끗한 상태다. 기타 중금속이나 농약 등도 전혀 없는 산중물로 오염되지 않은 순수 상태의 물이고, 경도도 10.0mg/L로 매우 연한 단물이다.

또한 '안양암 영천약수'와 '서운암 참샘약수'에서 보듯이 영축산 줄기의 수정 광산을 통과해서인지 상대적으로 이산화규소 성분이 26.31mg/L 정도로 많아서 맛있는 물을 나타내는 'O Index'가 97.69 정도로 매우 높아 물맛이 매우 좋은 물이다.

옥련암 스님의 말씀에 의하면, 물탱크를 청소할 때에도 탱크 안에 앙금이 없이 깨끗하다고 한다. 그만큼 옥련암 장군수는 맑고 기

옥련암 돌 수조

운찬 것 같다. 지금도 한 사발 마시면 그 옛날 세 장수처럼 몸의 기운도 나고, 옥 같은 청정한 물이 온몸을 맑게 정화할 것만 같다.

표 81. 옥련암 장군수의 현장 수질 분석 결과

약수명	온도 (℃)	pH	DO (mg/L)	탁도 (NTU)	전기전도도 (μS/cm)	TDS (mg/L)
먹는 물 수질 기준	–	4.5~9.5	–	–	–	–
옥련암 장군수 (공양간)	18.38	6.75	7.66	0.30	46.00	33.96
옥련암 장군수 (약수터)	20.34	6.64	7.83	0.29	46.26	33.02

표 82. 옥련암 장군수의 수질 분석 결과(심미적 영향물질 1)

약수명	심미적 영향물질에 관한 기준				
	경도 (mg/L)	과망간산칼륨 소비량(mg/L)	냄새	맛	구리 (mg/L)
먹는 물 수질 기준	300mg/L	10mg/L	냄새가 없을 것	맛이 없을 것	1mg/L
옥련암 장군수 (공양간)	9.0	1.8	없음	없음	불검출
옥련암 장군수 (약수터)	10.0	1.3	없음	없음	불검출

표 83. 옥련암 장군수의 수질 분석 결과(심미적 영향물질 2)

약수명	심미적 영향물질에 관한 기준					
	증발잔류물 (mg/L)	철 (mg/L)	망간 (mg/L)	탁도 (NTU)	황산이온 (mg/L)	알루미늄 (mg/L)
먹는 물 수질 기준	500mg/L	0.3mg/L	0.3mg/L	0.5NTU	200mg/L	0.2mg/L
옥련암 장군수 (공양간)	20.0	불검출	불검출	0.30	불검출	0.03
옥련암 장군수 (약수터)	22.0	불검출	불검출	0.29	불검출	0.03

표 84. 옥련암 장군수의 수질 분석 결과(물맛 기준)

약수명	물맛 기준					총유기탄소 (TOC) (mg/L)
	나트륨이온 (Na) (mg/L)	칼슘이온 (Ca) (mg/L)	마그네슘이온 (Mg) (mg/L)	칼륨이온 (K) (mg/L)	이산화규소 (SiO2) (mg/L)	
옥련암 장군수 (공양간)	1.8	2.6	0.3	0.1	26.95	1.64
옥련암 장군수 (약수터)	1.8	2.7	0.3	0.3	26.31	1.16

표 85. 옥련암 장군수의 물맛 평가

약수명	O Index(맛있는 물)	K Index(건강한 물)	비고
물맛 기준	2 이상	5.2 이상	-
옥련암 장군수 (공양간)	98.83	1.03	맛있는 물
옥련암 장군수 (약수터)	97.69	1.13	맛있는 물

서운암 '참샘약수'와
장경각 '늪재 석간수'

'서운암瑞雲庵'은 말 그대로 '상서로운 구름瑞雲이 떠도는 곳'이다. 아래의 서운암으로부터 위쪽에 위치한 장경각에 이르기까지 큰절 다운 품격을 간직한 곳이다. 현 통도사 방장이신 성파 큰스님의 원력으로 우리 시대를 대표할 도량으로 거듭나고 있다.

서운암은 많은 부분에서 자급자족의 수준을 넘어 된장, 단감 등

을 재배하여 '선농일치禪農一致'를 구현하고 있다. 매년 야생화 단지
와 시화전, 들차회 등이 열리고 들꽃 축제, 염색과 도자 등 문화 강
좌가 지속적으로 열리고 있는 문화 도량이기도 하다. 도량의 경계
도 수승하지만, 이 시대에 필요한 다양한 문화 활동이 일어나는 곳
이기에 누구라도 한 번은 꼭 가볼 만한 곳이다.

사실 '통도명수'를 시작한 계기 또한 『통도사 사적기』에 차를 만
드는 '다소촌'과 차를 마시는 샘물인 '다천' 등이 기록되어 있는 유
일한 사찰인 통도사가 우리나라의 '불지종가'로서뿐 아니라 '차지
종가'라는 큰스님의 말씀에서 시작되었다.

서운암에는 크게 두 개의 약수터가 있다. 오래전부터 사용해오던
선방 뒤편에서 나오는 '참샘약수'와 장경각 옆의 지하수를 취수하
여 나오는 '늪재 석간수'다. 참샘약수는 말 그대로 샘으로의 참맛을

서운암 전경

서운암 장경각 전경

드러나는 약수이기에 지금도 이용하면 좋고, 특히 수질적으로 봐도 아주 양호하다. 그러나 지금은 스님들이 수행하시는 선방 뒤편에 있어 접근성과 수량 면에서 일반인들이 쉽게 접하기 어렵기 때문에 보다 쉽게 이용할 수 있는 늪재 석간수를 소개하도록 한다.

늪재 석간수는 성파 큰스님께서 언양의 자수정 광산의 광맥이 서운암 능선을 타고 오룡골로 이어진다고 하여, 늪재에서 나오는 자수정 석간수라는 뜻에서 '늪재 석간수'라 이름 지으셨다. 큰스님 말씀에 의하면 예전에는 서운암 능선 자락에도 자수정이 많이 굴러다녔다고 한다.

이처럼 장경각의 늪재 석간수는 영축산 내 큰 자수정 광산의 맥을 통과하는 물로서 무엇보다 맑고 감미롭다. 영축산의 마지막 줄기가 옥 같은 자수정 광맥과 어우러져 더욱 맑고 그윽한 맛을 낸다.

서운암 장경각 늦재 석간수

지금은 장경각에 돌 수조와 몇 군데 수도꼭지를 만들어 사용하고 있으며, 그 아래 서운암 입구에 돌 수조를 만들어 사람들이 이용할 수 있도록 하고 있다.

서운암 장경각의 늪재 석간수의 수질적 특성은 표 86~90에서 보듯이 기본적으로 맑고, 물맛이 좋다. 구체적으로 pH는 6.94로서 중성에 가깝고, 물속의 용존산소도 6.72mg/L로서 풍부하며, 유기물 오염도 거의 없고, 수중의 고형물질도 32.18mg/L로 적은 청정한 물이다.

물의 세기를 나타내는 경도도 9.0mg/L로 매우 연한 단물이고, 수중의 이온성 물질도 0.3에서 2.1mg/L 정도로 미량 존재하나, 그중에서도 이산화규소SiO_2 농도는 16.68mg/L로 매우 높다. 큰스님의 말씀대로 자수정 광산의 영향으로 규소 농도가 높은 것으로 나타나고 있다.

물맛 평가에서도 맛있는 물을 나타내는 'O Index'가 47.71로 매우 높다. 이것은 서운암의 지층이 자수정 광맥에서 발생하는 이산화규소 등이 용출되어 물맛이 매우 좋은 물로 유지되는 것으로 볼 수 있다.

어디든 떠나고 싶을 때가 있다면, 친구 혹은 가족들과 상서로운 구름이 떠도는 서운암에 들러 장경각도 보고, 푸르른 신록과 들꽃도 보면서 서운암의 맑고 깊은 늪재 석간수를 마셔보는 것도 좋을 것 같다. 이제 더 늦기 전에 서운암을 찾아 만물이 생동하는 늪재의 푸르름과 청정함을 가득 머금고 와야겠다.

표 86. 서운암 약수의 현장 수질 분석 결과

약수명	온도(℃)	pH	DO (mg/L)	탁도 (NTU)	전기전도도 (μS/cm)	TDS (mg/L)
먹는 물 수질 기준	–	4.5~9.5	–	–	–	–
서운암 참샘 약수	19.00	6.85	8.53	0.09	71.90	52.65
서운암 장경각 늪재 석간수	24.40	6.94	6.72	1.05	48.95	32.18

표 87. 서운암 약수의 수질 분석 결과(심미적 영향물질 1)

약수명	심미적 영향물질에 관한 기준				
	경도 (mg/L)	과망간산칼륨 소비량(mg/L)	냄새	맛	구리 (mg/L)
먹는 물 수질 기준	300mg/L	10mg/L	냄새가 없을 것	맛이 없을 것	1mg/L
서운암 참샘약수	12.0.	1.7	없음	없음	불검출
서운암 장경각 늪재 석간수	9.0	2.4	없음	없음	불검출

표 88. 서운암 약수의 수질 분석 결과(심미적 영향물질 2)

약수명	심미적 영향물질에 관한 기준					
	증발잔류물 (mg/L)	철 (mg/L)	망간 (mg/L)	탁도 (NTU)	황산이온 (mg/L)	알루미늄 (mg/L)
먹는 물 수질 기준	500mg/L	0.3mg/L	0.3mg/L	0.5NTU	200mg/L	0.2mg/L
서운암 참샘약수	26.0	불검출	불검출	0.09	불검출	불검출
서운암 장경각 늪재 석간수	23.0	불검출	불검출	1.05	불검출	0.090

표 89. 서운암 약수의 수질 분석 결과(물맛 기준)

약수명	물맛 기준					총유기탄소 (TOC) (mg/L)
	나트륨이온 (Na) (mg/L)	칼슘이온 (Ca) (mg/L)	마그네슘이온 (Mg) (mg/L)	칼륨이온 (K) (mg/L)	이산화규소 (SiO₂) (mg/L)	
서운암 참샘약수	2.3	3.8	0.5	1.0	25.45	1.90
서운암 장경각 늪재 석간수	1.4	2.1	0.4	0.3	16.68	2.80

표 90. 서운암 약수의 물맛 평가

약수명	O Index(맛있는 물)	K Index(건강한 물)	비고
물맛 기준	2 이상	5.2 이상	–
서운암 참샘약수	60.50	1.80	맛있는 물
서운암 장경각 늪재 석간수	47.71	0.88	맛있는 물

보타암
약수

보타암寶陀庵은 통도사 큰절의 제2주차장을 지나 취운암 가기 전에 있는 왼쪽에 위치한 암자로서 지금은 비구니 스님들이 살고 계시다. 암자의 규모가 아담하고, 정갈하게 잘 관리되고 있다. 보타암이라는 현판이 붙은 법당과 나무 아래 반석이 잘 어울리는 암자로서, 법당에서 바라보면 영축산 큰 줄기가 더욱 의연해 보인다.

보타암 약수는 산중의 석간수를 끌어다 마시며, 공양간과 법당 앞마당에 수도꼭지를 설치하여 이용하고 있다. 안타깝게도 보타암은 큰절과 가까이 있음에도 신도들 외에 사람들이 자주 찾는 암자는 아니며 가끔 마을 사람들이 찾아와서 물을 길어간다고 한다.

수원 자체가 오염되지 않은 산 능선 위의 바위에서 나오는 석간수여서 그런지 물이 좋고 맛있다. 암자에 사는 스님에 의하면, 물이 좋아 빗물이 잘 씻기지 않는다고 한다.

보타암 약수의 pH는 7.7로서 다소 중성에서 알칼리 상태이나, 수중의 용존산소도 8.19mg/L 정도로 풍부한 편이고, 총 고형물질이 25.68mg/L 정도로 낮은 편이며, 유기물 오염도 거의 없는 순수한 상태다. 기타 중금속이나 농약 등도 전혀 없는 산중 물로서 오염되지 않은 순수 상태의 물이고, 경도도 7.0mg/L로 매우 연한 단물이다.

또한 영축산 줄기의 수정 광산이 포함된 암반층을 통과해서인지 상대적으로 이산화규소 성분이 17.75mg/L 정도로 많아서 맛있는 물을 나타내는 'O Index'가 8.43 정도로 높은 편으로 물맛이 좋은 물이다.

보타암

보타암 수도전

표 91. 보타암 약수의 현장 수질 분석 결과

약수명	온도(℃)	pH	DO (mg/L)	탁도 (NTU)	전기전도도 (μS/cm)	TDS (mg/L)
먹는 물 수질 기준	–	4.5~9.5	–	–	–	–
보타암 약수	21.70	7.77	8.19	0.35	37.30	25.68

표 92. 보타암 약수의 수질 분석 결과(심미적 영향물질 1)

약수명	심미적 영향물질에 관한 기준				
	경도 (mg/L)	과망간산칼륨 소비량(mg/L)	냄새	맛	구리 (mg/L)
먹는 물 수질 기준	300mg/L	10mg/L	냄새가 없을 것	맛이 없을 것	1mg/L
보타암 약수	7.0	2.1	없음	없음	불검출

표 93. 보타암 약수의 수질 분석 결과(심미적 영향물질 2)

약수명	심미적 영향물질에 관한 기준				
	증발잔류물 (mg/L)	철 (mg/L)	망간 (mg/L)	탁도 (NTU)	황산이온 (mg/L)	알루미늄 (mg/L)
먹는 물 수질 기준	500mg/L	0.3mg/L	0.3mg/L	0.5NTU	200mg/L	0.2mg/L
보타암 약수	18.0	불검출	불검출	0.35	2	0.04

표 94. 보타암 약수의 수질 분석 결과(물맛 기준)

약수명	물맛 기준					총유기탄소 (TOC) (mg/L)
	나트륨이온 (Na) (mg/L)	칼슘이온 (Ca) (mg/L)	마그네슘이온 (Mg) (mg/L)	칼륨이온 (K) (mg/L)	이산화규소 (SiO2) (mg/L)	
보타암 약수	1.3	0.7	0.2	0.1	17.75	2.17

표 95. 보타암 약수의 물맛 평가

약수명	O Index(맛있는 물)	K Index(건강한 물)	비고
물맛 기준	2 이상	5.2 이상	–
보타암 약수	8.43	−0.43	맛있는 물

축서암
약수

축서암鷲棲庵은 큰절에서 보면 영축산 북동쪽에 위치해 있다. 예전에는 선화가로 유명한 수안 스님께서 계시다가 초우 스님께서 주석하셨으며, 지금은 통도사 농감을 지냈던 세봉 스님이 관리하고 있

축서암

축서암 수조

다. 통도사 내 암자 한 곳 한 곳이 모두 산자수명山紫水明하고 산과 숲을 끼고 잘 어우러져 있듯이, 축서암 또한 소나무 숲 사이에 아담한 법당이 보기에 좋다.

축서암 약수의 수원은 지하수로서 평상시에는 그런 대로 사용 가능하나, 행사 시에는 물이 부족하여 상수도로 대체해 사용할 예정이라고 한다. 축서암 약수는 법당 앞에 있는 돌로 만든 수조와 오른편에 위치한 수도꼭지를 이용하고 있다. 새로 지은 법당과 법당 앞에 있는 수조가 아름답다.

축서암 약수의 pH는 6.42로 중성에서 산성 상태이나, 수중의 용존산소가 8.39mg/L 정도로 풍부한 편이고, 총 고형물질이 73.13mg/L

정도이며, 유기물 오염도 거의 없는 맑은 물이다. 기타 중금속이나 농약 등도 전혀 없는 산중 물로서 오염되지 않은 물이고, 경도도 25.0mg/L로 단물이다.

또한 영축산 줄기의 수정 광산이 포함된 암반층을 통과해서인지 상대적으로 이산화규소 성분이 28.02mg/L 정도로 많아서 맛있는 물을 나타내는 'O Index'가 7.96 정도로 비교적 높은 편으로 물맛이 좋은 물이다.

축서암은 영축산의 옛 이름에서 유래하였듯이 이름 그대로 언젠가 큰스님의 수행처로 큰 역할을 하리라는 기대를 갖게 한다.

표 96. 축서암 약수의 현장 수질 분석 결과

약수명	온도(℃)	pH	DO (mg/L)	탁도 (NTU)	전기전도도 (µS/cm)	TDS (mg/L)
먹는 물 수질 기준	–	4.5~9.5	–	–	–	–
축서암 약수	18.45	6.42	8.39	0.11	98.30	73.13

표 97. 축서암 약수의 수질 분석 결과(심미적 영향물질 1)

약수명	심미적 영향물질에 관한 기준				
	경도 (mg/L)	과망간산칼륨 소비량(mg/L)	냄새	맛	구리 (mg/L)
먹는 물 수질 기준	300mg/L	10mg/L	냄새가 없을 것	맛이 없을 것	1mg/L
축서암 약수	25.0	1.6	없음	없음	불검출

표 98. 축서암 약수의 수질 분석 결과(심미적 영향물질 2)

약수명	심미적 영향물질에 관한 기준					
	증발잔류물 (mg/L)	철 (mg/L)	망간 (mg/L)	탁도 (NTU)	황산이온 (mg/L)	알루미늄 (mg/L)
먹는 물 수질 기준	500mg/L	0.3mg/L	0.3mg/L	0.5NTU	200mg/L	0.2mg/L
축서암 약수	60.0	불검출	불검출	0.11	3.0	불검출

표 99. 축서암 약수의 수질 분석 결과(물맛 기준)

약수명	물맛 기준					총유기탄소 (TOC) (mg/L)
	나트륨이온 (Na) (mg/L)	칼슘이온 (Ca) (mg/L)	마그네슘이온 (Mg) (mg/L)	칼륨이온 (K) (mg/L)	이산화규소 (SiO2) (mg/L)	
축서암 약수	3.1	6.7	1.5	1.1	28.02	1.64

표 100. 축서암 약수의 물맛 평가

약수명	O Index(맛있는 물)	K Index(건강한 물)	비고
물맛 기준	2 이상	5.2 이상	–
축서암 약수	7.96	4.00	맛있는 물

관음암
약수

관음암觀音菴은 통도사 산문에서 초원아파트 옆으로 난 길을 가다 보면 찾을 수 있다. 관음암은 태응 스님께서 주석하고 계시며, 위치로 보아 큰절인 통도사를 외호하고 있는 듯하다.

관음암 전경

　관음암 약수는 예전에는 '감로천甘露泉'이라는 돌 수조를 설치하여 우물물을 이용하였으나, 지금은 지하수를 이용하고 있다. 오랫동안 사용하지 않아서 폐관 등이 부식하여 이물질이 떠다니는 등 관리가 부실한 옛 우물의 상황을 보였는데, 물론 지금은 이용하지 않아서 큰 문제는 없지만, 잘 관리하여 활용하는 것도 좋을 것 같다.

　관음암 약수의 pH는 6.7로 중성에서 산성 상태이나, 수중의 용존 산소가 6.25mg/L 정도이고, 총 고형물질이 61.1mg/L 정도이며, 유기물 오염도 거의 없는 순수한 상태다. 기타 중금속이나 농약 등도 전혀 없는 산중 물로서 오염되지 않은 순수 상태의 물이고, 경도도 23.0mg/L로 단물 상태다.

　다른 암자의 물도 비슷하지만, 영축산 줄기의 수정 광산이 포함된

관음암 수조(감로천)

암반층을 통과해서인지 상대적으로 이산화규소 성분이 26.52mg/L 정도로 많아서 맛있는 물을 나타내는 'O Index'가 8.33 정도로 높은 편으로 물맛이 좋은 물이다.

　관음암은 산문 밖에 있는 대표적인 암자다. 천수천안千手千眼의 관세음보살님처럼 오가는 사람들의 마음의 안식처가 되는 관음암의 맑은 물을 마시며 세상이 맑아지기를 고대하게 된다.

표 101. 관음암 약수의 현장 수질 분석 결과

약수명	온도(℃)	pH	DO (mg/L)	탁도 (NTU)	전기전도도 (μS/cm)	TDS (mg/L)
먹는 물 수질 기준	–	4.5~9.5	–	–	–	–
관음암 약수	24.20	6.66	6.25	0.22	92.30	61.10

표 102. 관음암 약수의 수질 분석 결과(심미적 영향물질 1)

약수명	심미적 영향물질에 관한 기준				
	경도 (mg/L)	과망간산칼륨 소비량(mg/L)	냄새	맛	구리 (mg/L)
먹는 물 수질 기준	300mg/L	10mg/L	냄새가 없을 것	맛이 없을 것	1mg/L
관음암 약수	23.0	1.3	없음	없음	0.018

표 103. 관음암 약수의 수질 분석 결과(심미적 영향물질 2)

약수명	심미적 영향물질에 관한 기준					
	증발잔류물 (mg/L)	철 (mg/L)	망간 (mg/L)	탁도 (NTU)	황산이온 (mg/L)	알루미늄 (mg/L)
먹는 물 수질 기준	500mg/L	0.3mg/L	0.3mg/L	0.5NTU	200mg/L	0.2mg/L
관음암 약수	44.0	불검출	불검출	0.22	3.0	0.02

표 104. 관음암 약수의 수질 분석 결과(물맛 기준)

약수명	물맛 기준					총유기탄소 (TOC) (mg/L)
	나트륨이온 (Na) (mg/L)	칼슘이온 (Ca) (mg/L)	마그네슘이온 (Mg) (mg/L)	칼륨이온 (K) (mg/L)	이산화규소 (SiO2) (mg/L)	
관음암 약수	2.6	6.3	1.0	0.5	26.52	1.04

표 105. 관음암 약수의 물맛 평가

약수명	O Index(맛있는 물)	K Index(건강한 물)	비고
물맛 기준	2 이상	5.2 이상	-
관음암 약수	8.33	4.04	맛있는 물

영축산 통도명수

  통도사 큰절과 각 암자의 약수를 조사한 결과를 바탕으로 ① 통
도사의 '맛있는 물 6가지', ② 통도사의 '건강한 물 6가지', ③ 통도
사의 '맛있고, 건강한 물 6가지', 그리고 매월 한 군데씩 암자의 약
수를 찾아가는 것도 좋을 듯하여 ④ '통도사 10(12)대 명수'를 선정
하여 다음 표와 같이 정리해보았다.

표 106. 통도사의 사찰명수

구분	약수명
통도사의 '맛있는 물 6선'	① 백련암 백련옥수, ② 안양암 영천약수, ③ 용유천 좌/우룡수, ④ 옥련암 장군수, ⑤ 수도암 샘물, ⑥ 서운암 참샘 약수/장경각 늦재 석간수.
통도사의 '건강한 물 6선'	① 취운암 취운금천약수, ② 통도사 구룡수, ③ 극락암 산정약수, ④ 반야암 반야수, ⑤ 자장암 약수, ⑥ 비로암 산정약수.

통도사의 '맛있고, 건강한 물 6선'	① 취운암 취운금천약수, ② 통도사 구룡수, ③ 극락암 산정약수, ④ 반야암 반야수, ⑤ 자장암 약수, ⑥ 비로암 산정약수.
통도사의 '10(12)대 명수'	① 용유천, ② 통도사 구룡수, ③ 취운암 취운금천약수, ④ 안양암 영천약수, ⑤ 옥련암 장군수, ⑥ 백련암 백련옥수, ⑦ 서운암 참샘 약수/장경각 늦재 석간수, ⑧ 자장암 약수, ⑨ 반야암 반야수, ⑩ 극락암 산정약수, ⑪ 비로암 산정약수, ⑫ 백운암 좌/우룡수.

통도사의
'맛있는 물 6선'

통도사의 '맛있는 물 6선'은 물맛 평가지수를 바탕으로 정한 6가지 약수로, 구체적인 '통도사의 맛있는 물'은 ① 백련암 백련옥수,

서운암 수조

② 안양암 영천약수, ③ 용유천 좌/우룡수, ④ 옥련암 장군수, ⑤ 수도암 샘물, ⑥ 서운암 참샘 약수와 장경각 늪재 석간수이다.

통도사의
'건강한 물 6선'

통도사의 '건강한 물 6선'은 물맛 평가지수를 바탕으로 정리한 6가지 약수로, 구체적인 '통도사의 건강한 물'은 ① 취운암 취운금천 약수, ② 통도사 구룡수, ③ 극락암 산정약수, ④ 반야암 반야수, ⑤ 자장암 약수, ⑥ 비로암 산정약수이다.

자장암 수조 출수부

통도사의
'맛있고 건강한 물 6선'

통도사의 '맛있고 건강한 물 6선'은 물맛 평가지수를 바탕으로 정리한 6가지 약수로, ① 취운암 취운금천약수, ② 통도사 구룡수, ③ 극락암 산정약수, ④ 반야암 반야수, ⑤ 자장암 약수, ⑥ 비로암 산정약수가 이에 해당한다.

통도 10(12)대
명수

통도사 큰절을 포함하여 17개의 암자별 약수 조사 결과를 바탕으로 '통도 10대 명수通度十大名水'를 선정하였다. 통도사 10대 명수도 한국의 10대 사찰약수와 마찬가지로 '10대 명수'라 하였지만, 각 약수 간에 큰 차이가 없어 '일 년 열두 달을 생각하여 매달 한 번씩 찾아가서 마셔보자'는 취지에서 통도사 큰절 약수와 영축산중 암자들의 사찰수를 포함하여 12개 약수를 '통도 10(12)대 명수'로 선정하였다.

소개하는 순서는 통도사 산문을 들어서면서 참배하는 순서대로 산문 입구의 무풍한송로에 있는 '용유천'에서부터 영축산중의 가장 깊은 곳에 있는 '백운암 좌룡수'까지 올라가는 방향으로 소개한다.

잘 알다시피 영축산에는 17개 암자를 비롯하여 통도사 경내에는 40여 곳의 크고 작은 샘물들이 있다. 저마다 개성과 특색이 있기에 잘 활용하면 좋을 것이다. 10대 명수에 포함되지 않았다고 해서 10대 명수보다 못하다거나 이용할 수 없다는 것은 아니므로 저마다 가까운 곳의 산중 암자에 있는 약수를 이용한다면 좋을 것 같다. 이번에 선정한 통도사 큰절과 각 암자들을 대상으로 한 '통도 10(12)대 명수'는 다음과 같다.

① 용유천, ② 통도사 구룡수, ③ 취운암 취운금천약수, ④ 안양암 영천약수, ⑤ 옥련암 장군수, ⑥ 백련암 백련옥수, ⑦ 서운암 참샘약수/장경각 늦재 석간수, ⑧ 자장암 약수, ⑨ 반야암 반야수, ⑩ 극락암 산정약수, ⑪ 비로암 산정약수, ⑫ 백운암 좌 · 우룡수.

① '용유천' : 통도사 산문에서 무풍한송길을 따라가는 중간쯤에 위치하며, 그 옛날 큰절에서 경주로 가는 길목에 위치했기 때문에 오가는 사람들이 목을 축일 수 있었던 감로수이자 통도사의 첫 약수다. 항시 푸른 무풍한송의 소나무 숲에서 우러나오는 청정수로, 용의 젖 같은 감미로운 물이기도 하다.

② 통도사 '구룡수' : 큰절의 약수로서 영축산 장밭들의 푸른 정기와 맑은 기상이 잘 드러나는 물이다. '불보종찰'이라 부처님의 진

용유천 수조

큰절 성보박물관 앞에 있는 수조

안양암 영천약수

신사리를 모신 보궁에서 우러나오는 듯한 영축산의 정기를 간직한 약수로서, 창건 당시 구룡지에 살던 구룡의 정기가 서린 물이기도 하다.

③ 취운암 '취운금천약수' : 자장 스님의 청정한 율맥을 잇는 청정한 기운을 간직한 지하수로, 맑고 푸른 정기를 온전하게 간직하고 있는 청정수이자 감로수이다.

④ 안양암 '영천약수' : 영축산 줄기가 용트림하여 솟아오른 산중에서 나오는 물로서 말 그대로 맑고 신령스러운 물이다.

⑤ 옥련암 '장군수' : 그 이름처럼 장군의 기상이 느껴지는 물이다. 영축산의 기운이 용트림하며 솟아오르는 것처럼 맑고 힘찬 기

서운암 늪재 석간수

운이 가득한 물이다.

⑥ 백련암 '백련옥수' : 하얀 연꽃의 정령처럼 맑고 청정한 물이다. 말 그대로 백련의 옥 같은 청정한 기운이 가득 담긴 정화수 같은 정화된 맑은 물이다.

⑦ 서운암 장경각 '늪재 석간수' : 영축산 내의 큰 자수정 광산의 맥을 통과하는 물로서 맑고 감미롭다. 영축산의 마지막 줄기가 옥 같은 자수정 광맥과 어우러져 더 맑고 깊은 맛을 낸다.

⑧ 자장암 '자장수' : 영축산 산중의 물과 지하수를 섞은 물이다. 겉과 속이 같다고, 산중의 빗물과 지하로 침투한 물이 만났기에 그만큼 영축산의 특색을 잘 반영한다고 할 수 있다. 산물과 지하수 물 모두 맑고 청정하기에 통도사 개산조이자 우리나라 청정계율의 종

조인 자장 스님의 청정한 샘으로서의 역할을 충실히 할 것 같다.

⑨ 반야암 '반야수' : 영축산의 암반층 위의 지하수를 끌어올린 물이다. 영축산 바위의 기상과 정기가 모여 가라앉은 물을 다시 뿜어 올려 부처님의 청정한 법문을 전하듯이 맑은 기운을 간직한, 말 그대로 지혜의 물이다.

⑩ 극락암 '산정약수' : 극락암 부근의 지하수로서, 극락암 영축산 중의 눈 푸른 소나무처럼 항시 영축산 깊은 산중의 골기를 가득 담은 물이다. 극락암에서 산정약수를 마시면 이곳이 바로 극락임을 알고, 항시 푸르른 정기가 함께할 것 같다. 이따금 청량한 기운 속

비로암 산정약수

에서 경봉 큰스님께서 큰 노구를 이끌고 맑은 차 한 잔 마시고 가라
는 '끽다거'의 청정한 법문을 전해줄 것 같다.

⑪ 비로암 '산정약수' : 말 그대로 산의 정기 같은 물이다. 산중에
서 직접 나오는 산의 정령 같은 물을 마시면 몸도 마음도 청량해질
것 같다. 영축산의 정기가 서린 비로암 산정약수 물을 마시면, 온
몸에 기운도 나고 정신도 청량해져서 모든 일이 잘될 것 같다.

⑫ 백운암 '좌룡수' : 백운암은 통도사 산내 암자 중에서 영축산
중의 가장 높은 곳에 위치하고 있다. 묵은해를 보내고 새해를 맞이
할 때 흰 구름이 흘러가는 것을 바라보며 맑고 순수한 백운암 좌룡
수를 마시면, 그만큼 한 해가 더욱 새롭게 시작될 것 같다. 정화수
라는 의미 그대로 백운암의 물은 맑고 청정하다. 순수한 빗물 같은
물을 마시며, 흰 구름 떠도는 푸른 하늘을 바라보면 산다는 것 자체
로도 맑고 그윽하다는 것을 알게 해줄 것 같다. 그렇듯이 백운암 약
수를 마시면 구름 속에 숨어 있는 용이 승천하는 맑고 힘찬 기운을
가득 받을 것 같다.

사명암 수조 출수부

맺음말

통도사 방장이신 성파 큰스님의 말씀처럼 예전에는 '국계이음掬溪而飮'이라, '두 손바닥으로 계곡물을 움켜쥐고 마신다'라는 것이 운수납자들의 일상사였다. 그러나 오늘날 우리나라는 환경오염 때문에 가정에서도 정수기와 공기청정기가 필수품이 된 시대를 살고 있다.

이 책은 2014년부터 지난 몇 년간 150여 곳의 전국 약수를 찾아 답사한 결과물들을 정리한 것이다. 이 작업은 역사상 주요 문헌에도 기록되어 있고 현재도 사용 중인 찻물들을 찾아다니는, 과거와 현재, 그리고 미래를 잇는 시간 여행이기도 했다. 답사 결과, '산자수명'이라 '좋은 산엔 좋은 절이 있고, 또한 좋은 물이 있다'라는 사실을 확인하게 되었고, 아직도 차 마시기 좋은 물들이 곳곳에 가득함을 알 수 있었다. 저마다 건강한 삶을 살고자 한다면, 그리고 차를 즐기는 차인이라면 자신이 사는 지역에서 나는 마시기 좋은 물에 대해 알아야 한다. 그 옛날 육우 선생이나 초의 선사 등은 유명한 차인이기도 했지만 유명한 물 전문가이기도 했다.

기본적으로 명수의 특징은 오염되지 않은 지역에 수원이 있고,

계절과 가뭄 등에 상관없이 일정량의 물이 늘 흐르며, 대부분 단물로서 오염되지 않고, 수질도 매우 양호하다는 것이다. 그냥 마셔도 좋지만, 그 물로 차를 우려내어 마신다면 그보다 좋을 수가 없는 일이다.

오늘날 산중의 약수를 마신다는 것은 산의 정기, 더 나아가 자연의 정기를 마신다는 것이다. 지구상의 모든 물은 태양의 빛 에너지에 의해 증발되고 대기 중에서 응축되어 빗물로 내린다. 증발된 물은 대부분 순수한 물 상태를 유지하기 때문에 산중에 내린 빗물은 지표면을 흐르며, 일부는 지하로 침투되고 또 일부는 지표면을 흘러 계곡으로 강으로 흘러들어 마침내 바다로 들어가게 된다.

요즘은 사람이 많이 사는 지역의 경우 대부분 오염되어 맑은 물을 구하기가 힘들지만, 아직 사람 발길이 드문 산중에는 순수 상태의 오염되지 않은 깨끗한 물이 많다. 특히 우리나라의 경우에는 지질 특성상 영월 등 일부 석회암 지역이나 광산 지역을 제외하고는 맑은 산중약수가 많이 있고, 그 물맛도 아주 좋다.

영축산 통도사도 오염되지 않은 청정한 지역이기에, 물의 순환에 의해 빗물이 산중에 흘러내려 유출되고, 일부는 지하로 침투되면서 청정한 수원들이 곳곳에 많이 있다. 특히 통도사는 자수정 광산이 이어지는 광맥이 있어 물도 깨끗하고 물맛도 좋은, 몇 안 되는 소중한 수자원의 보고이기도 하다.

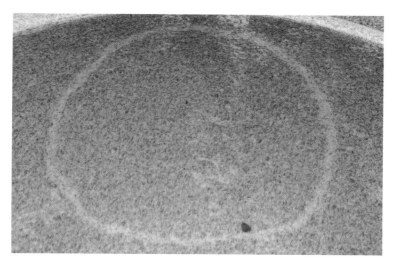

서운암 수조 내 일원상

 이와 같이 맑은 물이 있다는 것도 중요하지만, 수원과 약수터에 대한 정기적인 관리와 지속 가능한 이용에 대한 관심도 보다 중요하다. 잘 관리되지 않고 제대로 이용하지 않으면 고인 물이 썩듯이 수자원으로서의 가치가 떨어지고, 심한 경우 먹을 수 없는 물로 변하게 된다.

 통도사 권역의 일부 암자나 마을 공동 우물의 경우에도 사용하지 않아서 오염되고, 더 이상 식용으로 사용할 수 없는 경우도 있다. 그러므로 좋은 약수는 평소에 잘 관리하여 제대로 활용하고, 지금뿐 아니라 우리의 후손들도 온전하게 이용할 수 있도록 관리해야 한다.

몇 년 전 방송 프로그램 tvN 〈꽃보다 할배〉에서 유럽 여행과 대만 여행 내용이 인기리에 방영된 적이 있다. 그 방송에서는 빼어난 경관을 자랑하는 알프스와 대만의 계곡물이 뿌옇게 나왔는데 이는 그 물이 경도가 높아서 먹는 물로도 부적합하고 차 마시기에도 좋지 않다는 사실을 보여준다.

그런 측면에서 우리나라는 물에 관한 한 일부 지역을 제외하고는 대부분이 음용수로서 모자라지 않는 축복받은 나라라고 할 수 있다. 이번의 사찰약수 조사에서도 이러한 소중한 사실들을 다시 확인하게 된 점이 매우 반가웠다. 150여 곳을 답사했는데, 이 책에서는 그중 대표적인 몇 군데를 소개하였다. 답사 중 안타까웠던 점은 옛 샘물로 알려진 여러 곳들이 무분별한 공사와 관리 부실 때문에 사라진 것이다. 참으로 소중한 자산이고 유산인데 우리들의 무관심 속에서 방치되었다가 사라졌다는 사실이 안타까웠다.

지금도 바로 활용할 수 있는 약수들이 전국 곳곳에 있다. 물은 소중한 자원이기도 하지만 순환되기 때문에, 잘 보존하고 적절하게 관리하면 미래에도 지속적으로 이용할 수 있는 지속 가능한 자원이다.

전국의 사찰약수도 그러하다. 이 책에서는 영축산 통도사 권역의 사찰약수를 중심으로 살펴보았지만, 우리나라 4대 사찰약수라 할 수 있는 오대산 월정사 권역과 속리산 법주사 권역, 두륜산 대흥사 권역의 사찰약수, 그리고 우리나라 10대 사찰약수 등도 수질이 아주 좋다. 이제 우리도 가까운 주위로 눈을 돌려 그 지역에서 나는

서축암 수조 출수부

샘물을 보존하고 잘 가꾸어서 소중한 자산으로 만들어가야 한다.
또한 좋은 자원을 잘 활용하고 보존시켜야 할 책임이 있다.

　세계적인 위스키 회사인 스코틀랜드의 '글렌피딕Glenfiddich'은, 물
의 중요성을 인식하고 자사의 위스키를 만드는 데 사용하는 물을
지속적으로 이용하기 위해 수자원이 함양되는 상류 지역 수백만 평
의 땅을 구입하여 철저하게 관리하고 있다. '글렌피딕'이라는 회사
명은 스코틀랜드의 방언인 게일어로 '사슴이 있는 청정한 계곡'을
의미하며, 술을 만드는 증류소 근처에 맑은 '피딕Fiddich, 사슴을 뜻함' 강
이 흘러 '계곡Glen'을 형성했다는 의미다. 깊은 계곡에 사는 사슴과

자장암 수조 출수부

같은 신비로움과 청정함을 상징하고 있다. 그리하여 1887년 창립 이후 현재에 이르기까지 130여 년 동안 오랜 역사와 전통, 뛰어난 맛이 잘 계승되고 있다.

글렌피딕의 특징은 청정한 수원지水源池 관리로부터 온다고 볼 수가 있다. 글렌피딕은 전체 위스키 제조 과정에 스페이사이드Speyside 지역에 있는 로비듀Robbie Dhu의 청정수만을 사용하고 있기 때문이다. 창업주인 윌리엄 그랜트William Grant는 청정수가 지속 가능한 자원임에 주목하여 청정 자연수인 로비듀의 수원지 보호를 위해 수백만 평의 상류 지역 토지를 매입하여 자연 그대로 보존해왔다. 이를 통해 글렌피딕은 밴프셔주의 토탄과 스코틀랜드의 화강암 지역에 걸쳐 흐르는 로비뷰의 청정수만을 이용하여 독특한 맛을 내는 고품격의 하이랜드풍의 위스키 원액을 지속적으로 만들어내고 있다.

아직 우리나라 곳곳의 산중에는 좋은 약수가 많이 있다. 특히 '명산엔 명찰이 있고, 명수가 있다'라고 하듯이, 영축산 통도사에는 영축산의 정기 어린 순수한 맑은 물이 도처에 있다. 아직 오염되지 않은 청정한 지역으로서, 훌륭한 수자원으로서의 가치도 높고 수량도 풍부하므로 잘 관리하여 지속 가능한 자원으로 활용하는 것이 바람직하다.

마지막으로 영축산의 통도사는 '불보종찰佛寶宗刹'이라는 상징성과 함께, '다소촌'과 '다천'이라는 용어가 사적기에 기록된 유일무이한 사찰이다. '통도명수通度名水'를 지닌 통도사가 '차지종가茶之宗家'로서 새로운 시대적 역할을 담당하리라 기대하며 책을 마무리하고자 한다.

| 참고 자료 |

이병인, 「목우차문화칼럼」 1~49, 격월간 『차인(茶人)』, 2011~2019.

이병인, 「통도사의 약수를 찾아서 : 차지종가 통도명수」, 월간 『등불』, 2018년 1월~12월호.

이병인 외, 「국내 차(茶) 문헌에 나타난 샘물의 물맛평가에 관한 연구」, 『한국차학회지』 제23권 4호, 2017년 12월, 27~34쪽.

이병인 외, 『수질 및 수자원관리』, 대학서림, 1999.

이병인 외, 「차(茶) 문헌에 나타난 약수의 수질특성에 관한 연구」, 『한국차학회지』 제23권 제2호, 2017년 6월, 31~39쪽.

이병인 외, 「찻물의 이화학적 수질특성에 관한 연구」, 『한국차학회지』 제21권 제2호, 2015년 6월, 45~53쪽.

이병인 외, 「통도사지역 차샘의 이화학적 수질특성에 관한 연구」, 『한국차학회지』 제24권 제3호, 2018년 9월, 48~56쪽.

경봉 지음, 석명정 역주, 『삼소굴 일지』, 극락호국선원, 1985.

공승식, 『워터 소믈리에가 알려주는 61가지 물 수첩』, 우등지, 2012.

국토개발연구원, 『외국의 간이상수도 사례조사』, 1994년 12월.

김우택, 『다시 쓰는 물 이야기』, 동학사, 1996.

김은아, 「중국의 찻물 평가와 지리배경」, 계명대학교 석사학위논문, 2011

년 6월.

김현원, 『첨단과학으로 밝히는 물의 신비』, 서지원, 2002.

대한불교조계종 총무원 사회부, 『사찰오수처리시설의 현장조사 및 오수 특성 조사에 관한 조사연구』, 2000년 12월.

대한불교조계종 환경위원회 사찰상수연구팀, 『사찰상수 수질관리 방안 연구』, 2014년 12월.

대한불교조계종 환경위원회 사찰약수연구팀, 『사찰약수 수질특성 조사 및 종합관리 방안 연구』, 2016년 12월.

루나 B. 레오폴드, 케네스 S. 데이비스, 『WATER 물의 본질』, 타임라이프 북스, 1980.

류건집, 『한국차문화사』, 이른아침, 2007.

민병준, 『한국의 샘물』, 대원사, 2000.

서해담 편저, 『통도사 사적기』, 통도사 성보박물관, 1642.

석명정, 『차이야기 선이야기』, 극락호국선원, 1994.

손병두 엮음, 『새로운 식수원 개발 : 저렴·고품질의 고산계곡수 활용방 안』, 한국경제연구원, 1996.

이태교, 『재미있는 물 이야기』, 현암사, 1991.

일연, 『삼국유사(三國遺事)』, 1281.

전동복, 「문헌을 통한 찻물 고찰」, 목포대학교 석사학위논문, 2007년 2월.

전무식, 『6각수의 수수께끼』, 김영사, 1995.

청화 옮김, 『정토삼부경(淨土三部經)』, 한진출판사, 1982.

최성민, 『샘샘 생명을 마시러 간다』, 웅진출판, 1995.

최성민, 『우리 샘 맛난 물』, 한겨레신문사, 1993.

통도사 영축문화대재 학술대회, 「2016년(개산 1371주년) 영축문화대재 학술대회 : 통도사 개산대재의 문화적 가치」, 2016년 10월 2일.

통도사 해장보각 학술대회, 「한국 불교법맥의 원류 환성 지안과 통도사」, 2018년 12월 14일.

하성미 기자, 「통도사는 환성 지안 스님의 사상적 종찰」, 『현대불교신문』, 2018년 12월 17일.

한국수자원공사, 『물의 과학』, 1991.

한국수자원연구소, 『수자원백서』, 한국수자원공사, 1996년 12월.

한국환경생태학회 국립공원 및 보호지역분과위원회 편, 『가지산도립공원의 자연환경 : 통도사지구를 중심으로』, 세종출판사, 2014.

한무영 옮김, 『WHO 음용수 수질 가이드라인』, 대한상하수도학회 수도연구회, 1999.

허정, 『약이 되는 물, 독이 되는 물』, 중앙일보사, 1992.

혜우 스님, 『혜우 스님의 찻물기행』, 초롱, 2007.

환경부, 『상수도 시설 기준』, 2010.

환경부, 『소규모 수도시설 우수 관리 모델』, 2011년 12월.

환경부, 『수돗물 불신 해소 및 음용률 향상 방안 연구』, 2013년 2월.

환경부, 『환경백서』, 2016.

환경부, 「먹는 물의 수질 기준 및 검사 등에 관한 규칙」 제2조.

환경부, 「지하수의 수질보전 등에 관한 규칙」 제11조.

환경부, 「환경오염공정시험법」, 2010.

국가법령정보센터(http://www.law.go.kr)

글렌피딕(http://www.glenfiddich.com)

몰트위스키(http://www.maltwhisky.co.kr)

통도사(http://www.tongdosa.or.kr)

환경부(http://www.me.go.kr)

王秋墨,『名山名水名茶』, 中國輕工業出版社, 2006.

American Water Works Association, *Water Quality and Treatment 4th ed.*, McGraw-Hill, 1990.

Barry Lloyd & Richard Helmer, *Suveillance of Drinking Water Quality in Rural Areas*, Longman Scientific & Technical, 1991.

Colin Ingram, *The drinking water book : A complete guide to safe drinking water*, Ten Speed Press, 1991.

Crites & Tchobanoglous, *Small and decentralized wastewater management systems*, McGraw-Hill, 1988.

Deborah Chapman, *Water Quality Assessments*, Chapman & Hall, 1992.

Edwin L. Cobb and Mary E. Morgan, *Drinking Water Supplies in Rural America*, US EPA, 1978.

E. J. Martin and E. T. Martin, *Technologies for small water and wastewater systems*, Van Nostrand Reinhold, 1991.

Frits van der Leeden, Fred L. Troise, David Keith Todd, *The Water Encyclopedia 2nd ed.*, Lewis Pub., 1990.

Goodrich, *Safe water from small system : treatment options*, JAWWA, 1992, pp. 49~55.

John Cary Steward, *Drinking Water Hazards*, Environgraphics, 1990.

Luna B. Leopold, Kenneth S. Davis, and the Editors of TIME-Life

Books, *WATER*, TIME-Life Books, 1966.

Max Burns, *Cottage Water System*, Cottage Life BOOK, 1993.

Nalco Chemical Company, *The Nalco Water Handbook 2nd*, McGraw-Hill, 1988.

Peter H. Gleick, *WATER in CRIRSIS*, Oxford University Press, 1993.

R. C. Gumerman, B. E. Burris, S. P. Hansen, *Small water system treatment costs*, Noyes Data Corp., 1986.

Robin Clarke and Jannet King, *The WATER ATLAS*, The New Press, 2004.

US EPA, *Manual of small public water supply systems*, 1991.

US EPA 816-F-09-004(http://www.epa.gov/safewater/contaminants/index.html)

통도사 사찰약수

초판 1쇄 찍음 2019년 3월 18일
초판 1쇄 펴냄 2019년 3월 18일

지은이.   이병인, 이영경
발행인.   정지현
편집인.   박주혜

부문사장. 최승천
편 집.   서영주, 신아름
디자인.   이선희
마케팅.   조동규 김영관 김관영 조용 김지현
구입문의. 불교전문서점(www.jbbook.co.kr) 02-2031-2070~1

펴낸곳.   조계종출판사
           서울 종로구 삼봉로 81 두산위브파빌리온 230호
           전화 02-720-6107~9 ㅣ 팩스 02-733-6708
           출판등록 제2007-000078호(2007. 04. 27.)

ⓒ 이병인, 이영경, 2019
ISBN 979 - 11 - 5580 - 118 - 5 03220